글로컬 리더십

글로컬 리더십

초판 발행| 2019년 9월 10일

지 은 이| 선종복

펴 낸 이| 이창호
디 자 인| 이보다나
인 쇄 소| 거호 커뮤니케이션

펴 낸 곳| 도시출판 북그루
등록번호| 제2018-000217
주   소| 서울특별시 마포구 토정로 253 2층(용강동)
도서문의| 02) 353-9156

ISBN 979-11-90345-00-2 (03320)

(CIP제어번호 : CIP2019033475)
이 도서의 국립중앙도서관 출판예정도서목록(CIP)은 서지정보유통지원시스템 홈페이지(http://seoji.
nl.go.kr)와 국가자료공동목록시스템(http://www. nl.go.kr/kolisnet)에서 이용하실 수 있습니다.

글로컬 리더십

| 선종복 지음 |

목차

6_ 서문

01. 새로운 시대가 온다 ——————————— 11

글로컬리즘의 도래 | 왜 글로컬인가 | 가장 지역적인 것의 세계화
근대주의와 세계화 가치 | 제국주의와 세계화 | 문화의 일체화와 다양화
발전과 문화

02. 리더십이란 무엇인가 ——————————— 37

리더십의 개념 | 리더십의 진정성 | 진정성 리더십 | 리더의 조건 | 리더의 유형

03. 리더와 비전 ———————————————— 81

비전이 있어야 인생이 행복하다 | 비전 없는 사람이 가장 불쌍한 사람이다
비전을 가져야 리더가 될 수 있다 | 비전이 커야 성공도 크다
비전은 포기하지만 않으면 꼭 실현된다 | 어려움은 두려워하지 말라
긍정의 힘이 비전을 실현한다 | 비전은 전략이 있어야 실현된다

04. 리더가 가져야 할 소통 ———————————— 103

스피치는 리더십을 더욱 돋보이게 하는 마술이다 | '노'를 '예스'로 바꾸는 감성스피치
준비는 성공하는 스피치를 만들어 준다 | 상대방의 동의를 일으키는 소통 방법
요청과 거절에도 매너가 필요하다 | 칭찬의 힘은 불가능을 가능하게 한다
인맥을 넓혀주는 소통 방법 | 경청의 놀라운 능력
스피치에 대한 공포감 해결이 성공의 시작이다

05. 글로컬 리더십이란 무엇인가 —————— 133

글로컬 리더의 장점 | 리더에게 꼭 필요한 변화와 혁신 | 리더십은 효과적이어야 한다
강인한 리더를 원한다 | 리더의 필수 조건 트렌드 | 리더는 태어나는 것이 아니라 만들어진다

06. 세계가 원하는 우리의 인재 —————— 153

세계 시민교육이란 무엇인가 | 세계 시민성의 철학적 가치 | 세계 시민교육의 방향
다문화주의의 정체성 | 다문화 정치사회화의 전략 | 다문화 교육에의 접근

07. 무엇이 필요한가 —————— 187

자기 정체성과 문화 | 정체성의 구성과 문화 | 문화와 발전 및 개발
다문화 상황과 국제경영 | 문화다양성과 창의성 | 문화에 민감한 국제협력
문화에 따른 접근방법의 차이 | 중요 문화테마에 대한 다른 접근법
잘못된 접근의 유혹 | 국제개발 협력의 과제

08. 나는 글로컬 리더이다 —————— 203

문화에 따른 사고와 행동의 차이 | 국제경영학의 문화차원 | 문화인류학의 문화요인
문화에 따른 정보처리 차이 | 높은 상황문화와 낮은 상황문화 유형
문화테마에 대한 두 문화유형의 차이

09. 글로컬 리더의 시대 —————— 219

시진핑 리더십 | 오바마 리더십 | 이순신 리더십 | 정약용 리더십 | 드골 리더십

필자는 중학교 때부터 모토를 "먼길을 간다"로 정하고 종이에 쓰고는 그 옆에 배가 항구를 떠나 머나먼 곳을 향해 가는 그림을 그렸다. 이미 남들이 잘 닦아놓은 길만을 가려할 때 미로를 헤맬 염려는 없지만 지적인 창의성이나 창조성은 가져올 수 없다. 그래서 매일 엉뚱한 생각을 해보고 남들이 걷지 않는 길을 걸어 왔다. 꿈 너머 꿈을 찾으려고 늘 노력하고 있다. 교직생활을 하다가 자카르타한국국제학교 교장으로 파견되면서 우리나라는 좁고 세상은 넓다는 것을 체험했고 학생들에게 국제이해교육 및 세계시민교육을 통해 글로벌 리더를 육성해야겠다는 생각으로 글로벌 리더십 프로그램을 실시해 왔다. 또한 "인성이 진정한 실력이다"라는 캐치프레이즈로 기본으로 돌아가자 Back to the Basics 는 교육을 강조하였다.

스펙보다 바른 인성(人性)을 키우는 것이다. 사람의 말과 행동, 마음가짐, 성실함, 배려하는 마음 등을 포함하는 것이 사람됨이고 인성이다. 스펙보다 바른 인성을 가진 사람이 성공하고 행복한 사회를 만들어야 할 것이다. 공부만 잘 하면 된다고 아이들을 무한 경쟁 속으로 밀어 넣은 우리 사회의 구조적 문제를 해결하고, 생각이 바른 아이를 키우기 위한 노력을 하여야 한다. 스펙이나 실력을 떠나 그 무엇보다도 중요한 인성이 실력이고 경쟁력이 되는 사회를 만들어야 한다.

해외에서도 인성교육을 강화하고 있다. ADRF(아프리카아시아난민교육후원회) 부회장으로 코이카에서 지원해준 1억 원을 토대로 ADRF에서 2015년 1월 자카르타에 드림센터DREAM CENTER를 세웠다. 이곳에서 고아 등 길거리 아동을 대상으로 인성교육, 한국어 교육, 목공 및 컴퓨터 재생교육을 시키고 있다.

글로벌 시대는 인성을 갖춘 리더를 원한다. 전문성과 창의성이 뛰어난 인재라 할지라도 인성의 바탕이 없으면 일할 수 있는 기회를 놓친다. 인성을 갖춘 사람이란 남을 위해 나누고, 봉사하고, 베풀고, 배려하는 역할에 충실한 사람이다. 지적능력과 심적능력을 두루 갖추어야 최고의 인재라 할 수 있다. 그러한 인재는 필자가 평생 후세대들에게 강조해 왔던 나눔, 봉사, 배려는 기본이고 긍정적이고 낙천적인 사람, 성실한 사람, 남의 이야기를 잘 들어주는 경청하는 사람, 모든 갈등을 대화로 풀어가는 사람, 건전한 여가 시간을 보내는 사람이라 할 수 있으며 인류 모두가 공통적으로 추구해야 할 가치라고 믿고 있다.

좋은 리더가 지니는 힘은 참으로 크다. 한 사람이 만인을 변화시키고, 역사를 바꾸며 세계를 바꾼다. 스펙보다 인성이 실력인 사회에서 정치·경제·문화·외교 등 다방면의 글로벌 리더가 배출되리라 확신한다.

세계는 산업혁명(오프라인혁명), 정보화혁명(온라인혁명)을 거쳐 모든 것이 연결되는 초연결혁명(온-오프라인 융합혁명)으로 발전되고 있다.

사람, 사물, 공간, 데이터 등 모든 것이 인터넷으로 서로 연결되어, 정보가 생성, 수집, 공유, 활용되는 새로운 생태계 속에서 문서를 단순한 데이터 관점이 아닌 지혜Wisdom의 관점으로 시각 전환이 필요하다. 4차산업혁명은 하드웨어 세상을 소프트웨어 세상으로 바꾸는 것이다. 아이들 교육이 창의력 중심이 되어야 한다. 그러기 위해서는 교수학습방법이 바뀌어야 한다. 질문이 있는 교실, 거꾸로 수업, 프로젝트 수업 등 다양하게 시도하고 있다. '스펙 좋은 모범생보다 협력할 줄 아는 괴짜'를 키워야 할 때다.

우리나라는 원조를 받는 수혜국에서 원조를 해주는 국가로 눈부신 발전을 경험했다. UN 미래보고서는 인구가 많고 자원이 많은 나라가 부를 이룰 것이라고 예측하고 있다. 이러한 비전을 지니고 미래사회에 능동적으로 대처해야 한다. 우리나라는 인구도 적고 자원도 없다. 인구가 1억 미만인 나라는 언어조차도 사라질 것이라 한다. 레드오션인 셈이다. 방법은 인구가 많고 자원이 많은 블루오션의 지역전문가가 되는 것이다. 영어가 경쟁력인 시대는 지나갔다. 발전 가능성이 있는 나라의 언어를 공부하고 문화를 체득하여 지역전문가 즉 글로컬 리더가 되는 것이다.

GLOCALGlobal + Local인재를 육성하는 것이야말로 대한민국의 미래이다. 이 책을 통해 학생 및 대한민국의 젊은 인재들이 꿈을 꾸게 하고 춤을 추게 하고 꿈을 이루는데 일조하길 바란다.

이 책이 나오기까지 여러 사람의 수고와 도움이 함께했다. 그들에게 공로를 돌린다. 추천의 글을 기꺼이 써 주신 분들께도 깊은 감사를 표한다.

이 책을 "명문가정을 만들고 세계적인 인물"이 되라고 평생 기도만 하시다가 지금은 병상에 계신 '사랑의 어머니·기도의 어머니' 께 바친다.

용인 石泉 글방에서

글쓴이 선종복

01.

새로운
시대가 온다

글로컬리즘의 도래

'글로컬'은 글로벌^{global}과 로컬^{local}의 합성어로, 글로벌 다국적 기업인 소니(社)에서 처음 사용했던 용어이다. '글로컬라이제이션'은 세계화^{globalization}와 현지토착화^{localization}를 동시에 아우르는 개념으로, 베를린 장벽의 해체(1989)와 소련의 붕괴(1991) 이후 냉전 이데올로기가 종식되고 1990년대 영국 대처 수상과 미국 레이건 대통령이 진두지휘한 워싱턴 컨센서스 등을 통해 신자유주의적 시장 경제가 기승을 떨치기 시작하면서 이에 대한 일종의 대항·대안 이념으로 출현한 용어이다.

모든 역사가 그러하듯, 문화는 각기 그 문화가 탄생한 해당 장소에 기반하고 있다. 그 문화의 고유성과 특수성을 대변하는 '장소'는 각 문화가 탄생한 모태이자 리얼리티의 획득 가능성이기도 하다. 이러한 특성 때문에, 장소는 유클리드의 기하하적 공간처럼 추상화되거나 수학적인 계산처럼 계량화되거나 치환되지 않는다. 이러한 점들을 미루어 생각하건대, 장소는 그곳과 다른 문화에서 온 외부인을 위해 관찰·분석의 대상으로 전락해서는 곤란하다. 모든 개별 주체의 '진정한 처소'로서 장소는 생활세계, 일상세계의 대변자이기 때문이다. 구체적 여기로 대변되는 장소는 모든 각각의 개인에게 있어 진정한 삶의 자리이기 때문에 구체성이 상실된 '저기'로는 대체할 수 없다. 이렇듯 모든 로컬문화는 서로 다른 장소를 배경으로 탄생되는 개념이라고 할 수 있다. 앞에서 살펴본 논리에 비추어 볼 때 그 어떤 지역에도 기반하고 있지 않은 글로벌 문화는 일종의 '관념적 허상'에 불과하다.

모든 문화는 로컬 문화라고 할 수 있다. 바로 이 로컬 문화가 자신을 탄생시킨 지리적 국경을 초월해 바깥 세계로 순영향을 미칠 수 있다. 우리에게 친숙한 영화, 음악, 문학, 예술 등 대중문화를 예로 들어보자. 요즘 전 세계를 중심으로 한 대한민국의 한류열풍도 우리 국민들에게 '글로벌 문화'라는 잘못된 생각을 일으키게 하는 면이 없지 않다. 앞서의 논리에서처럼, 한류문화가 마치 전 세계인이 좋아하는 보편적인 문화라는 해석은 과장된 해석이라고 할 수 있다. 어떤 현상을 보편화하는 데에는 예외가 있어서는 안 되듯, 한류문화를 '전 세계의 모든 사람들이 좋아하는 문화'라고 일반화할 수는 없다는 것이다. 서로 다른 문화들 간의 교류 과정에 있어서 무엇보다 중요한 것은 외부로부터 유입된 문화를 수용하는 과정에서 해당 로컬 문화가 과연 어떻게 반응하고 대처하느냐가 하는 것이다. 물론 해당 로컬 문화로부터 아무런 반응이 없는 경우도 충분히 상상해 볼 수 있다. 그런데 문제는 고유성과 특수성이 약한 문화의 경우에는 유입문화에 의해 그 토대가 붕괴될 수도 있다는 사실이다. 이와는 반대로 고유성과 특수성이 강한 문화는 유입문화를 창조적으로 변형시켜 수용함으로써 자신의 로컬 문화 자체를 더욱더 다양하고 풍부하게 할 수도 있다는 것이다.

말하자면 외부로부터 유입된 문화를 수용할 것인지 거부할 것인지는 유입을 받아들이는 문화, 즉 로컬 문화가 결정한다. 이것이 바로 정상적인 문화교류의 경로라 할 수 있다. 문화는 기술이나 통화dollar처럼 '표준형'이 존재하지 않는다. '표준형 문화'가 존재하지 않음으로 인해서 서로 다른 두 문화 사이의 간극이 어느 정도 좁혀질 수도 있지만, 오히려 영영 좁혀지지 않을 수도 있다. 'IS 사태'나 '샤를리 엡도 사건'에서도 보았듯, 심한 경우 문화는 전쟁의 무기로 돌변하기도 한다. 이뿐만이 아니라, 문화는 글로벌 시장에서 국적을 무시하고 이리저리 팔리는 '상품'과도 구분할 필요가 있다. 다시 말해 문화는 개인이나 기업의 이윤추구를 충족시키기 위해 소비되는 그런 소비재와 구분할 필요가 있다는 것이다.

비로 이와 같은 까닭에 로컬 문화의 고유성과 특수성을 간과하거나 무시하는 일방적인 글로벌 문화, 표준형 문화는 단지 하나의 이론적 요청으로 또는 가상으로 존재할 뿐인 지구촌 문화, 로컬 문화들을 해체시키면서 신식민주의적 자본의 문화를 전파하려 한다는 점에서 이미 반문화적이며, 반인륜적이라 할 수 있다. 지난 세기까지만 해도 글로벌 문화, 소위 구미의 선진문화를 많은 사람들은 암묵적으로 인정했고, '야만문화'의 개조·계몽의 정당성을 구미문화의 정치·외교·군사적 영향력 소위 '하드파워' 때문에 묵허(默許)했던 것뿐이다. 제국주의적인 세계의 문화 이해틀은 다양한 로컬 문화를 획일화시키는 장본인이었다. 또한 그들이 말하는 진리의 절대성이란 단지 세계지배의 도구가 되었을 뿐이고 이를 현재 미국이나 중국이 이어가고 있다고 할수 있다. 21세기에 이르자, 앞에서 살펴보았던 문화적 우월의식과 편견은 로컬문화의 중요성에 대한 인식의 전환에 힘입어 깨어지고 있다. 21세기에 이르러서야 글로벌 문화란 것을 마치 선진문화인 양 오해한 것이 잘못된 것임을, 문화에는 우열이 있을 수 없음을 깨달은 것이다.

　우리나라도 이러한 인식과 궤를 함께하며 2010년 유네스코UN-ESCO '문화적 표현의 다양성 보호와 증진에 관한 협약'에 비준하고, 협약 이행에 힘쓰고 있다. 이러한 과정은 모든 인간의 서로 다른 개성을 존중하는 것에 기반을 두고 있는 것으로 그 원리에 있어서는 같다고 볼 수 있다. 타자나 타문화에 대한 배려와 존중이 없이는 문화의 진정성을 논할 자격이 없다. 문화를 문화상품, 문화콘텐츠 등과 같은 위치에 상정하고 평가해서는 안 되는 이유 또한 여기에 있다. 문화란 서로의 '다름'을 교환하며 인류가 상호적으로 생장하는, 돈을 지불하고 사고파는 거래 품목이 아니라는 점을 명심해야 한다. 수용의 쌍방성이 전제되지 않는 문화전파 또는 문화교류는 곧 문화적 폭력의 행사에 다름 아니다.

　최근 들어 '다문화주의multiculturalism'에 이어 '상호문화주의interculturalism'가 부상한 이유도 여기에 있다. 이들 이론에 따르면, 모든 문화는 독립적·배타적으로 존재하는 것이 아니라 다른 문화와 상호관계를 맺으며 역동적으로 존재한다. 글로컬 문화의 이론적 기원도 바로 여기에서 발원된 것이다. 문화 자체의 고유성과 특수성으로 대변되는 로컬 문화들 간의 다면적·지속적 교류가 문화교류의 일차적 과정이며, 그 과정에서 상대의 문화를 충분히 배려하고 존중하면서 자신의 문화에도 그 같은 변화를 꾀하는 것, 이것이 바로 간수발적(間受發的) 문화 교류의 최종 목표인데, '글로컬 문화'는 바로 이때 제기될 수 있는 후험적 posteriori 심급이라 할 수 있다. 글로컬 문화는 하나의 형과 꼴을 고정시킨 채로 존재하는 것이 아니라 문화인식의 새로운 원리로서 우리가 머릿속으로 그려 보는 미래의 문화 상(像)이다. 로컬 문화들 간의 교류가 문화들 사이의 힘의 균형을 유지하기 위해서는 동시성, 상호성, 쌍방성이 제대로 그 역할을 해야 한다.

왜 글로컬인가?

미래사회에서는 세계시장을 무대로 활동할 수 있는 글로벌 인재가 필요하다. 세상의 변화하는 속도를 빨리 감지하고 흡수할 수 있는 글로벌 시각이 필요하고, 글로벌 시대가 요구하는 소통의 기술이 필요하다. 새로운 미래는 자신만의 독보적인 생각에 익숙한 인재를 요구한다. 독창적인 자기 생각을 할 수 있는 사람들, 그리고 자기 자신이 주도적으로 무엇인가를 해나가는 사람들이 대단한 기회를 만들어갈 수 있으며, 이들이 미래 사회를 주도하게 될 것이다. 남들도 할 수 있는 평범한 일이나 진부한 상품, 서비스, 지식을 만들어 내는 사람이나 기업은 제대로 된 대우를 받기 힘들다. 어떻게든 특별해야 한다. 미래 사회에서는 다른 사람이 갖고 있지 않은 장기나 장점을 살려 나만의 것을 만들어야 성공할 수 있다. 다른 사람과는 분명하게 차별화되는 재능을 갖고 있어야 한다. 영어가 경쟁력인 시대는 지났다. 무엇보다 글로벌 마인드가 있어야 하고, 자신의 생각을 설득력 있게 펼칠 수 있는 커뮤니케이션 스킬을 먼저 갖추어야 한다. '한 지역과 다른 지역, 한 나라와 다른 나라 사이에 서로를 존중하는 호혜적 평등의 관계 속에서 서로의 문물과 문화를 교류함으로써 양쪽 지역의 발전을 돕고 궁극적으로 세계 각국의 균형적 발전에 기여하는' 것이 '글로컬리즘'이다.

UN미래보고서에 의하면 20년 후에는 평균 수명이 100세에 도달하고 저출산·고령화 사회로써 젊은 사람 1명이 6명을 부양해야 한다고 한다. 이산화탄소보다도 더 심각한 것은 물이 부족하고 죽음의 질병이 있을 거라고 한다,

인구 1억 미만의 국가는 언어조차도 없어질 것으로 예측하고 있다. 앞으로는 자원이 많고 인구가 많은 나라가 발전 가능성이 있는 블루오션Blue ocean이다. 우리나라는 상대적으로 인구도 적고 자원도 부족한 레드오션Red Ocean이다.

현 정부에서 신남방정책은 문재인 대통령이 2017년 11월 9일(현지시간) 열린 '한-인도네시아 비즈니스포럼' 기조연설을 통해 공식 천

명한 정책이다. 사람People · 평화Peace · 상생번영Prosperity 공동체 등 이른
바 '3P'를 핵심으로 하는 개념으로, 아세안 국가들과의 협력 수준을
높여 미국·중국·일본·러시아 등 주변 4강국 수준으로 끌어올린다는
것이 핵심이다. 여기에는 상품 교역 중심에서 기술, 문화예술, 인적 교
류로 그 영역을 확대하는 내용도 포함돼 있는데, 특히 중국 중심의 교
역에서 벗어나 시장을 다변화하는 등 한반도 경제 영역을 확장한다는
의미도 담고 있다. 문재인 정부는 신남방정책을 통해 아세안 국가와의
협력을 강화하고, 안보 차원에선 북한과 외교관계를 맺고 있는 아세안
과의 북핵 대응 공조와 협력을 이끈다는 구상도 블루오션Blue Ocean의
정책인 셈이다.

그렇다면 대한민국의 미래는 국가의 리더를 육성하는 것에 달
려 있다. 곧 Global 과 Local을 합친 Glocal Leader이고 세계적 지
역전문가라 할 수 있다. 글로컬리즘은 경영학 측면에서 사용하고 있
지만 지금은 글로벌 리더를 넘어 글로벌 리더를 육성해야 하고 글로벌
마인드가 글로벌 리더십이다. 글로컬리즘은 세계화Globalization와 지방화
Localization를 합친 말로 세계화를 추진하면서 동시에 현지 국가의 기업
풍토를 존중하는 기업 방식 즉 세계적으로 사고하고 지역적으로 행
동한다는 것이다.

오늘의 사회는 많은 인종이 함께 어울려 살아가는 다문화 사회로
변해가고 있다. 전 세계적으로 약 2억여 명의 사람들이 자신의 출생 국
이 아닌 나라에서 살고 있으며, 한국 사회에도 약 150개 나라에서 온
외국인 근로자들과 100여 개 나라에서 온 결혼 이민자들이 한국인과

가정을 이루어 살고 있다. 이어령은 세계와 지역이 유기적 관계를 가지며 서로 영향을 받는 현 세대의 특징을 "글로컬리즘glocalism"이라는 용어로 표현하였다. 보편성과 특수성을 함께 고려하는 글로컬리즘의 특성은 한국사회의 다문화 상황을 이해하고 그 문제점을 해결하는 중요한 열쇠가 될 수 있다. 외국인 주민들이 여러 종교와 문화적 배경을 가지고 있는 사람들이라는 점을 고려하여 '어떻게 그들과 공통된 가치와 세계관globalism을 추구하며, 또 동시에, 어떻게 서로의 다름localism을 이해하고 존중하는 마음과 태도를 가질 것인가?'라는 준거점을 제시할 필요가 있다.

세계화·국제화의 급속한 진전으로 지구촌의 많은 나라들이 정치 경제 사회적으로 고립되어 생존할 수 없음을 깨닫고, 신자유주의적 세계화의 급속한 진전으로 다국적기업이나 소수엘리트들이 혜택을 보고 있으나, 사회의 양극화 심화 사회적 양극화와 불평등을 최소화하기 위한 교육적 노력이 필요하다.

가장 지역적인 것의 세계화

이미 우리들에게 있어 '세계화'라는 용어는 너무나 익숙하고 심지어 상투적이기까지 하다. 때문에 세계화라는 용어가 포함하는 범주와 방향성, 그리고 속성은 숙고의 대상이 되지 않는 경우가 많다. 그 광범위한 범주를 기준으로 볼 때 세계화는 시장 경제의 운용 측면에서 가장 활발하게, 그리고 지속적으로 논의되어 왔다. 시장 경제에 있어서 세계화 개념이 기본적으로 추구하는 바는 시장의 확대이며 이는 신자유주의 경제학의 이론적 지지를 기반으로 한다. 시장 확대 담론의 속성에 있어 가장 큰 특징은 그것이 이데올로기적이라는 것, 다시 말해 시장의 확대는 역사적 측면에서 또한 실리의 측면에서 '불가피한' 것으로 표현된다는 점이다.

세계화의 이러한 특성은 현대에 이르러 더욱 특화됨으로써 문화에 대해 이야기할 때도 '보편 문화' '글로벌 문화' '세계 문화'라는 용어가 자주 등장하곤 한다. 피터스톤에 따르면 세계 문화global culture는 분명 존재하며 특정한 민족국가의 경계를 뛰어넘어 언젠가 전 지구가 공유하는 문화로 자리매김하게 된다고 한다. 하지만 여기서 한 가지 의문이 생긴다. 과연 '세계화된' 혹은 '세계화될 수 있는' 문화가 진정으로 존재하는 것일까? 문화를 "시장이나 경제에 철저히 종속되는 변수의 하나"로 보기 때문에 시장의 확대를 보편 문화의 등장으로 착각하는 것은 아닌가?

많은 사람들이 글로벌 문화의 대표적인 예로 헐리웃 영화와 맥도날드를 들고 있다. 전 세계 사람들이 미국에서 제작된 동일한 영화를 즐기고, 비슷한 햄버거를 먹는 지금의 현상이 글로벌 문화의 등장이라는 것이 그들의 주장이다. 하지만 과연 같은 영화를 보고 같은 음식을 먹는 것이 문화인가에 대해서는 다시 한번 진지하게 생각해 볼 여지가 있다. 분명히 문화는 '먹고 즐기는 것'을 포함한다. 하지만 먹고 즐기는 소비행태 자체가 문화인 것은 아니다.

문화는 "어떤 다국적 기업이나 특정 국가에 의해 생산되어 세계 시장에서 사고파는, 그런 유형의 '물건'에 국한"되는 것이 아니다. 진정한 의미에서의 문화란 "동일 문화권 내에 터 잡고 사는 사람들에 의해 역사라는 긴 세월 속에서 희노애락의 요철로 '창조'된 유무형의 공동 재산"이다. 즉 문화는 특정 지역에서 세대를 거쳐 오랜 시간 축적된 정체성과 사유를 바탕으로 하여 '발현되는 유무형의 모든 것'이다. 요컨대 문화에 대한 논의에서 정체성의 인식에 대한 언급이 없다면 그것은 '소비 행태'나 '여가활동 형태' 등에 더 어울리는 논의인 것이다.

오늘날 미국의 적극적인 주도하에서 급격히 진행되고 있는 시장의 확대는 문화콘텐츠의 영역에도 어김없이 적용되고 있다. 한 가지 예를 든다면, 오늘날 한국 영화 산업에 가해지는 시장 개방의 압력은 여러 가지 측면에서 '불가피한 것'으로 묘사되는 경향이 강하다. 물론 현실적인 측면에서 볼 때 전 세계에서 강한 영향력을 행사하는 패권국인 미국의 요구를 무한정 거부하는 것은 분명 무리일 수 있다. 하지만 시장 개방이 불가피하다고 말할 때 과연 그것이 현실적인 이유에서만 근거하고 있는가? 무의식적으로 패권국인 미국 문화가 '더 나은' 문화이기 때문에 언젠가 미국 문화가 보편 문화가 되는 것은 불가피하다고 생각하고 있지는 않은가?

문화를 우열을 기준으로 나누려는 인식은 타문화를 자문화와 배타적인 것으로 상정하는 태도와 밀접한 관련을 가진다. 즉, 타문화의 정체성을 배타성에 근거하여 인식한다는 것이다. 이러한 우열을 기준으로 한 이항적 대립의 문화 인식은 제국주의의 근간이 되는 사고방식이기도 하다. 동양과 서양, 백인과 유색인종, 우열한 민족과 열등한 민족, 남성적인 것과 여성적인 것 등의 이분법은 식민담론의 형성에 결정적인 영향력에 미쳤고 지배계층과 피지배계층 모두에게 차별적인 위상을 각인시켰다.

이러한 맥락에서 볼 때 오늘날의 세계화는 단순히 세계의 여러 문화가 서로 자유로이 교류하는 현상을 의미한다고 할 수 없다. 문화의 광범위한 세계화 또는 보편 문화의 확산이라고 불리는 이러한 현상들은 엄밀히 말해 타문화의 로컬 문화에 대한 잠식이며 이것은 여러 가지 의미에서 볼 때 문화가 아니다. 미국의 패권 하에서 일어나는 문화교류란 근본적으로 미국의 문화와 미국의 문화가 아닌 것이라는 이분법적 사고방식에 기인하며, 내재적으로 지배-피지배 관계를 상정하고, 또한 내포한다.

더 나아가 이러한 이항적 대립의 인식은 단순히 관념적인 구분에 불과하며 이런 관념적인 구분은 실체가 모호하고 허구성이 짙기 마련이다. 이러한 맥락에서 대안으로 제시될 수 있는 지역세계화glocalization 개념은 문화를 그 자체로서 생래적 가치와 고유성이 있는 것으로 파악하기 때문에, 그 문화적 정체성이 이분법적 배타성이 아니라 다양성에 근거하고 있다고 할 수 있다. 따라서 중요한 것은 이분법 패러다임의 탈피이며, 이는 이분법에 근거한 구분들의 경계가 흐트러지고 무너지는 것을 목격함으로써 달성될 수 있다.

근대주의와 세계화 가치

오늘날 전 세계에 불고 있는 세계화 globalization의 바람은 문화사상적인 관점에서는 근대주의modernism의 세계적인 연장이며 심화이다. 따라서 세계화의 가치는 근대주의의 가치관을 그 근거로 한다. 사상적인 의미의 근대주의는 16세기 유럽의 르네상스 운동에서 태동하였고 18세기 계몽주의 운동에 의해 확산이 시작되었다. 그 후 근대주의는 프랑스 혁명, 산업혁명, 서구열강의 부국강병의 사상적 동력이 되었다. 19세기 후로부터 20세기 초반의 기간에 근대주의는 그 시대를 근대시대로 만들었으며, 서구 근대국가들의 산업화와 도시화, 민주주의와 시장자본주의제도 확립의 사상적 근거를 제공하였다. 정치, 경제, 예술 부문의 사상과 운동으로 흔히 언급되는 근대주의는 이 기간에 발전된 것을 말한다. 이 사상과 운동의 가치에 따른 삶을 사는 사람을 근대주의자modernist라고 부르게 되었다. 한편, 제2차 세계대전 이후 신생독립국이 대부분인 제3세계의 신생개발도상국가들도 근대주의 사상과 근대화를 국가와 사회발전을 위하여 배우고 세워야 할 사상과 제도로 받아들이게 되었다. 서구의 정치, 경제, 사회, 군사의 엄청난 발전이 근대화에 의한 것임을 목도한 제3세계의 개발도상국가들, 특히 동아시아 나라들에게는 나라와 사회의 발전의 동인이 되는 근대주의 사상과 근대화를 더 이상 서구의 전유물로만 둘 수 없었던 것이다. 이에 따라 이들 국가들은 지난 60년간 국가 발전을 위하여 근대주의 사상과 제도에 근거한 개발전략을 추진하였고, 한국을 위시한 많은 동아시아 국가들은 이에 크게 성공하였다.

이를 세계관의 변화의 관점에서 보면 서구의 경우 근대주의 사상과 운동의 확립은 중세의 기독교적 신본주의 세계관에서 이신론^{deism}적 세계관으로 그리고 인본주의와 세속주의 세계관으로의 변화를 초래하였다. 또한 사람들의 삶의 방식 면에서는 농촌의 공동체적 삶에서 산업화와 도시화에 따른 공장과 도시 중심의 삶으로의 변화를 가져왔다. 이러한 근대주의 세계관과 근대화한 삶은 근대주의 사상과 근대화를 신봉하는 나라와 사회의 가치관을 근대주의 가치로 바꾸어 놓았다. 즉 이성주의, 경험주의, 과학주의, 개인의 자유와 독립, 법치주의, 기술적 진보, 직업적 성취, 경제성장, 물질적 풍요, 효율성, 경쟁, 포용, 신뢰 등의 가치가 이들이 신봉하는 것이 되었다. 이에 따라 인본·세속주의, 과학주의, 경제성장, 물질적 풍요 등의 가치가 지난 200년간의 서구와 60년간의 동아시아의 정치, 경제, 과학, 교육, 예술 등 모든 분야의 주도적 제도와 정책의 배경이 되었다.

시장자본주의 제도와 개방경제 정책의 이점에 근거한 국제통상 및 투자의 폭발적 증가, 컴퓨터와 인터넷 등 IT 통신의 발달에 따른 빠르고 광범위한 국제소통 및 거래의 편리함은 전 세계의 경제와 문화의 연결성을 높이고 국제화를 가속화시키고 있다. 이에 따라 교역, 투자, 생산, 유통, 소비 등이 국경을 초월하여 국제적으로 수행되고 있고 효율성, 경쟁원칙, 합리성, 개인의 업적, 책임 등의 근대주의 가치가 빠르게 국제화되어 가고 있다. 이는 근대주의 가치와 세계화 가치가 여러 전통문화에 전대미문의 영향을 끼치는 현상을 심화시키고 있음을 의미한다.

평범한 사람들의 삶에서 심도 있게 관찰해 본다면, 근대주의와 국제화는 급속한 도시화와 도시문화가 풍미하는 세상을 만들었고, 많은 사람들을 도시인으로 만들었다. 이들은 과거의 부족문화와 농촌시골문화와는 확연하게 다른 가치와 삶의 방식을 가지게 되었다. 이 두 문화는 서로 영향을 주고받으며 변화하고 충돌하는 양상을 보인다. 한편, 도시인류학 분야에서 오랫동안의 연구를 통해 도시문화가 유동적인 특성을 가진다는 것이 밝혀졌다. 따라서 이러한 유동적 특성을 가진 도시문화 속에 사는 도시인들은 개인적인 삶의 방식에 대한 변화가 좀 더 쉽게 일어나게 된다.

근대주의 시대의 특징인 산업화와 도시화는 종래의 공동체가 와해되고 이익집단을 만드는 변화를 초래하였다. 이같은 변화는 문화적으로는 종래의 공동체적이고 관계적인 상호의존성과 유기적인 일체성을 상실하게 만들었으며, 이익집단의 가치인 효율성과 경쟁을 삶의 중심 가치로 만들게 하였다. 이리하여 도시에는 시골보다 훨씬 더 많은 사람들이 살지만 도시사람들은 훨씬 더 외로운 존재들이 되었다. 결국 이러한 과정을 겪은 산업사회와 도시사회의 사람들은 진정한 의미에서의 공동체적 소속감과 개인적 만족감을 느끼지 못하고 정체성의 위기를 겪게 된다.

한편, 근대주의와 국제화는 대량생산과 대량소비를 특징으로 하는 시장자본주의를 전 세계적으로 확산시켰다. 이는 종국적으로 제한 없는 대량소비를 미덕으로 생각하는 소비주의 문화의 확산까지도 가져오게 만들었다. 소비주의 문화는 대량소비와 개인의 소비 자유를 인생의 중요한 가치로 여기며 이의 확산은 다음과 같은 두 가지의 의미심장한 결과를 초래한다.

첫째, 대량소비는 대량생산을 필요하게 한다. 이는 자원의 낭비와 환경파괴를 초래하고, 시장자본주의 제도의 지속가능성에 의문을 제기하게 만든다. 둘째, 제한 없는 선택의 자유와 무절제한 소비는 인간 육체를 포함한 거의 모든 것들을 상품화하고, 물질 중심의 세속문화를 확산시킨다. 이는 인간의 존엄성과 도덕성에 심각한 도전이 된다.

제국주의와 세계화

현대에 있어 전 세계에 불고 있는 세계화의 바람을 제국주의의 연장선에서 이해하는 것은 결코 무리가 아니다. 제국주의의 가장 단순한 정의는 아마 "자신의 소유가 아닌, 다른 사람들이 소유하고 살고 있는 머나먼 땅을 조종하고 정착하고 생각하는 것"일 것이다. 대부분의 이론가들이 주장하는 세계화의 정당성은 주로 경제적 이익에서 오는 경우가 대부분인데 이는 신자유주의를 이론적 바탕으로 한다. 신자유주의는 자유무역의 상호 혜택과 불가피성을 내세우며 세계화에 대한 이론적 지지를 아끼지 않는다. 하지만 그들이 주장하듯이 자유무역과 시장의 확대가 정말로 교역국 모두에게 이익이 되고 시장을 안정화시키는지에 대해서는 논란이 끊이지 않고 있다. 예를 들면

2008년의 경제 위기의 사례 역시 신자유주의에게 큰 도전이 되고 있다.

1989년에 미국 재무부, 국제통화기금, 세계은행 등 세 기구가 주축이 되어 합의한 '워싱턴 합의'는 미국의 패권 하에서 신자유주의적 정책을 세계적 규범으로 확장시키는 역할을 했다. 워싱턴 합의는 자유무역과 민영화를 합의의 주된 내용으로 하는데, 이러한 미국과 유럽의 패권 하에서의 운용되는 신자유주의적 정책들은 전 세계적으로 구조적 불평등을 영구화하는 경향이 강하다.

마르크스주의자들에 따르면 자유무역의 조항은 항상 패권국에게 이익이 되는데, 이는 패권국을 가장 효율적인 생산자로 상정할 경우 패권국의 상품은 세계 어느 곳에서도 가격경쟁력을 가지기 때문이다. 따라서 개발도상국들은 관세나 수입할당제 등의 제도를 통해 무역 장벽을 쌓아 자국의 이익을 보호하려 한다. 그러나 신자유주의 이데올로기 하에서 무역 장벽은 철폐되어야 하는 것으로 간주되기 때문에 개도국들은 IMF나 WTO와의 마찰을 피하기 위해 시장 개방 요구를 수용하게 된다. 또한 개도국에 가해지는 공기업의 민영화에 대한 압력은 패권국의 다국적 기업의 시장 진출을 용이하게 할 뿐만 아니라, 빈부 격차와 소득 불평등을 심화시켜서 장기적인 국가 경쟁력이 저하되는 결과를 초래한다.

따라서 마르크스주의자들은 신자유주의 정책의 개도국에 대한 수용은 더욱 심층적인 분석이 요구된다고 주장한다. 이러한 주장의 배경에는 신자유주의의 세계화가 패권국에게 매우 큰 이익이 된다는 사실과, 여기에는 개도국에 대한 대단한 정도의 강제력도 관여되어 있음을 의미한다. 이러한 강제력은 IMF의 구조조정 조건과 WTO의 여러 협약 등으로 현실화되기도 하지만 신자유주의의 수용을 '자연적이고 변동이 불가능한 세계화'로 받아지도록 하는 것으로 작용하기도 한다.

신자유주의와 세계화의 불가분의 관계는 오리엔탈리즘이 제국주의의 확장과 유지에 영향력을 미치는 것과 흡사하다는 이론에 힘을 실어 준다. 신자유주의의 위상과 지위의 여파는 비단 경제 이론에만 영향을 미치는 것이 아니다. 신자유주의 담론은 미국의 패권주의와 결합하여 세계화를 거부할 수 없고, 피할 수도 없는 역사의 한 국면이자 조류로 인식하게 한다는 점에서 보다 이데올로기에 가깝다. 말하자면, 자유 무역의 득보다 실이 더 많은 국가가 시장을 개방하는 것은 개방을 압박하는 상대 국가 즉, 패권국이 가진 강제력 때문이기도 하지만 '세계화와 개방 외에는 대안이 없다'라는 인식에서 기인하는 묵시적 동의 때문이기도 하다. 즉, 신자유주의가 피력하는 세계화와 그로 인해 야기되는 시장의 확대는 패권국이 행사하는 권력의 양상으로 '강제와 동의'라는 두 가지 범위에서 작용하는 것이다.

오리엔탈리즘과 제국주의의 관계도 이와 흡사하다. 탈식민주의 이론에 따르면 이러한 식민 담론은 식민 담론에 관련된 모든 사람들의 성신세계 지체를 식민화하여 권력과 지배에 암묵적으로 동의하게 만든다. 유럽의 식민지 개척자들은 그들의 지배 행사를 정당하다고 본다는 것이고, 식민지 사회는 그들에게 강요된 종속적 지위를 수용하고 내재화한다는 것이다. 이 같은 차별화된 위상의 수용은 무력에 기반을 두지 않으며 언어의 힘(담화, 인종주의적 묘사, 일상적인 모욕)에 기반을 둔다.

사이드가 "동양을 지배하고 재구성하며 억압하기 위한 서양의 방식"으로 오리엔탈리즘을 정의내린 것도 이러한 맥락에서 이해해야 할 것이다. 사이드에 따르면, 오리엔탈리즘은 담론의 형태로 제시되며 그러한 담론은 제도, 어휘, 학문, 이미지, 주의주장 심지어 식민지 관료 제도와 식민지적 양식으로 구성된다. 식민 담론에서 피지배자들은 수동적이고 정복 대상으로 적합하며, 근대적 도덕률과는 거리가 먼 비합리적인 존재로 묘사되기 일쑤이다.

따라서 오리엔탈리즘에 대한 사이드의 또 다른 표현인 "권력의 표지"는 오리엔탈리즘이 식민 담론의 생성에 큰 영향력을 미치며 고착화시켜 궁극적으로 권력관계의 유지에 기여하고 이러한 권력관계는 피지배계층에 대한 왜곡된 인식을 다시 공고화하는, 일종의 순환과정을 의미하는 것으로 이해될 수 있다. 요컨대 오리엔탈리즘의 담론은 사회적, 경제적, 정치적인 제도와 밀접하게 연결되어 있으며 이에 힘을 얻어 더욱더 강한 지속력을 갖는다. 즉, 오리엔탈리즘은 헤게모니의 문화적 침투가 일어난 결과라고 할 수 있다. 이러한 논리를 따른다면 식민 담론의 구조적 허구성과 모순성의 폭로만으로는 오리엔탈리즘의 담론들의 폭력성이 한 번에 소멸되거나 권력의 비대칭성이 해결되지 않는다. 왜냐하면 담론들을 이어주는 힘은 헤게모니의 실재적인 제도와 조직 관계이기 때문이다. 그러나 담론의 실체를 끊임없이 의심하고 허구성을 진단하려는 시도를 가능하게 하고 더 나아가 권력 관계의 심층적 구조를 분석하게 한다는 점에서 문화와 인식에 대한 논의는 여전히 그 가치와 실효성을 갖는다.

문화의 일체화와 다양화

많은 서구 문화들이 근대주의의 가치와 국제화를 수용하였고, 마찬가지로 비 서구 문화에서도 근대화와 경제개발이라는 국가적 목표 달성을 위해 다양한 형태로 근대주의의 가치와 제도를 받아들이는 방향으로 변화하게 되었다. 그러나 다른 한편에서는 전통문화의 가치와 같은 특별한 세계관이 이들 근대주의에 의해 그다지 큰 영향을 받지 않고 유지되고 있는 것이 사실이다. 이러한 움직임에 따라서 그 변화의 방향이 국제적으로 비슷한 보편 문화로 가는지 혹은 다양한 문화로 남거나 문화적 가치가 심화되는지가 초미의 관심사이자 연구 과제가 되었다. 칼 막스나 다니엘 벨 같은 근대주의 이론의 주창자들은 세계적인 경제개발은 모든 문화를 크게 변화시켜 전 세계가 비슷한 근대문화로 변화해 간다고 주장한다. 반면에, 막스 베버나 사무엘 헌팅턴 같은 정치사회학자들은, 문화적 가치관은 지속적이고 독립적인 속성을 가지고 있어 쉽게 변하지 않고 해당 사회에 지속적으로 영향을 미친다고 주장한다. 기독교 선교신학에서도 문화의 중심층이 세계관에 그 기반을 두고 있다고 판단하고 외부의 영향에 의해 쉽게 변하는 것은 문화의 표면과 그 이면 요소이지 최심층인 세계관 요소는 쉽게 변하지 않는다는 것을 정설로 보고 있다. 정리해 보자면, 전자는 세계문화화 주창자이고 후자는 문화다양화 주창자인 것이다.

다보스 그룹으로 대표되는 국제화된 지도층의 시도이자 바람인 세계문화 현상과 예술 분야, 특히 대중예술, 의류, 인스턴트 음식 분야의 세계화는 세계문화가 점차로 동일화되어 간다는 대표적인 예가 된다. 북미와 서유럽의 대중문화뿐만 아니라 최근 한류문화 등에 의해 전 세계 사람들, 특히 젊은이들의 소비와 오락·향락활동의 세계화가 이루어지고 있다. 이와 같은 현상과 함께 전 세계적인 세계화 가치로 점차 전통문화가 변화하는 근저에는 문화를 초월한 인간 본연의 욕구에 대한 충족이 있고 세계적 시장자본주의와 근대화적 가치가 상대적으로 더 큰 만족을 주는 것으로 보는 믿음이 도사리고 있다. 이러한 현상들이 선진문화와 근대주의의 가치를 표방하면서 표면상으로는 전 세계를 풍미하는 것 같아 보이기 때문에 많은 사람들, 특히 국제화 주창자들은 이 시대를 국제화 시대로 쉽게 정의내리려 한다. 하지만 이는 세계화의 한 측면만 보는 치우친 견해이다. 왜냐하면 세계화의 혜택을 직접 향유하는 사람은 전 세계 인구의 약 10퍼센트 이하에 불과하고 현실은 아직 부분적 세계화의 상태이기 때문이다.

발전과 문화

한편, 문화사상적인 관점에서 이 문제를 보면, 이러한 생각의 배경에는 서구 계몽주의 사상가들의 사상에 입각한 단절적 발전론, 즉 근대화 발전이 각 지역의 문화전통을 대체하게 된다는 가설이 있다. 제2차 세계대전 후 미국에서 태동한 근대화 이론도 여기에서 기인한 것이다. 그 이론에 따르면 후진국의 미개발 경제는 그 사회의 내부적 요인(전통경제, 전통·심리·문화적 특징 및 전통적 기관)을 그 원인으로 판단한다. 이는 세계화의 근대주의적 가치와 제도로의 이행을 통하여 경제가 발전하게 되며 이러한 경제 발전의 촉매 역할을 선진국들의 경제개발 원조가 뒷받침한다는 것이다. 그런데 이러한 기존의 가설과 주장에 대한 반론이 정설이 되고 있는 것이 근래의 연구 결과이다. 잉글하트와 베이커 교수가 2000년도에 발표한 연구의 결과는 다음의 두 결론을 타당성 있게 주장한다.

첫째, 앞에서 논리로 전제된 것처럼 경제개발은 문화에 대하여 큰 변화를 불러일으킨다. 기존의 절대적이고 당위적인 가치가 더 합리적이고 포용적, 신뢰적, 참여적인 가치들로 변화되는 것을 보여준다. 둘째, 앞서 논의한 큰 변화에도 불구하고 한 사회와 나라의 특징적인 전통문화 가치는 계속해서 존속한다. 한 사회에 있어 그 문화적 전통의 틀은 그 사회의 가치관과 세계관에 영속적인 영향을 미치는데, 이것은 전 세계적인 근대화의 영향을 초월하는 것이다. 결론을 지어 말하면, 근대화에 따른 문화의 변화와 전통문화 가치의 존속은 한 사회의 테두리 안에서 공존한다. 다시 말하면 현재의 세계는 단체주의, 가족중심주의, 관계·연고주의 등의 전통가치를 중시하는 전통사회 문화와 개인주의, 효율주의, 업적 중심, 경쟁가치 등의 근대화·국제화 가치를 중시하는 국제화사회 문화가 서로 충돌하며 공존하고 있는 것이다. 이같은 논리에 대해서, 두 웨이밍 교수는 한 사회와 나라의 문화와 전통이 근대화 개발로 대체되는 것이 아니라 근대화와 개발이 전자에 의해서 영향을 받고 그 문화에 맞는 유형으로 수용되고 발전된다고 주장한다. 즉 문화와 근대화 발전의 공존을 주장하는 것이다. 두 웨이밍 교수는 나아가 근대주의 가치 하나로 모든 전통과 문화가 통합되어 가는 것을 기대하는 대신에 여러 다른 전통과 문화, 종교 간의 긴밀한 영향과 서로가 서로를 배우려는 자세가 필요하며 공통적으로 지지할 수 있는 세계적인 윤리도덕을 찾을 필요성을 역설한다.

여기에 덧붙여 최근에는 세계화와 시장자본주의가 가져다준 극심한 부의 편중과 더불어 환경파괴로 인해 발생한 잦은 국제 금융위기와 자연재해가 세계화된 시장경제에 대하여 근본적인 회의를 야기하고 있다. 이러한 문제점들로 인해 시장에 대한 정치금융당국의 더 많은 규제를 당연한 것으로 받아들여야 함으로써 세계화의 앞길이 그리 순탄해 보이지는 않는다. 또한 세계화의 물결 속에서도 자기 전통문화 뿌리로의 회귀를 통한 자기정체성의 추구는 앞으로도 계속될 것이며 한층 심화할 것으로 전망된다.

한편, 후기근대시대post-modernity는 근대주의 사상의 핵심인 자아의 자율성, 인간의 이성적 사고력과 과학주의 및 낙관주의, 큰 이야기로써의 가치관과 세계관에 대해서 근본적인 회의를 제기한다. 그 대신에 개인 감성과 언어, 해석의 주관성, 전적인 상대주의와 인간의 관계의존성 등 다양한 가치와 삶의 방식을 당위로 보며, 문화상대주의와 지식상대주의를 중요한 사상적 근저로 본다. 이리하여 전적인 상대주의의 모순에 빠지게 되고 니힐리즘적 성향을 가지게 된다. 따라서 모든 판단의 중심이 자아가 되며 모든 해석에 자아의 정서적 만족이 우선이 된다.

아직도 세계 인구의 90퍼센트에 해당하는 세계화의 혜택 밖에 존재하는 사람들과 전통가치를 지향하는 사람들은 바깥세상의 세계화와는 전혀 관계없이 자기들만의 전통적인 삶의 방식, 즉 고유문화에 따르는 삶을 영위하고 있다. 요컨대 이러한 인간의 일반적인 문화정체성에 대한 욕구와 문화다원주의 사상은 지역화와 전통화를 더욱더 심화시키고 있다. 이는 사람들의 생각의 틀이나 인생관과 세계관은 쉽게 변하는 것이 아니며, 자기 정체성의 근본은 문화적 뿌리에서 기인한다는 점을 확인시켜 주는 현상인 것이다.

세계화와 전통화의 공존

근래의 연구 결과에서도 드러나듯이 국제화로 인해 문화들이 하나로 수렴된다는 주장을 근거 없는 낙관주의로 보고, 근대화와 세계화가 전통문화와 공존할 수 있는 것이라는 주장이 대두되고 있다.

1993년 외교정책잡지에서 사무엘 헌팅턴이 말한 "문명충돌"은 나라와 지역, 특히 비서구 문화의 회귀와 차이를 배경으로 하고 있다. 따라서 우리가 살고 있는 시대는 단체주의, 가족중심주의, 관계·연고주의 등 전통가치를 중시하는 전통문화와 개인주의, 효율주의, 업적 중심, 경쟁가치 등 근대화·국제화 가치를 따르는 근대주의 문화가 서로 충돌하며 공존하고 있다. 단언컨대 세계화와 전통화가 공존하는 글로컬 시대가 우리들이 살고 있는 현 시대의 특징인 것이다.

　뉴욕타임즈 국제부기자이자 작가인 토마스 프래드먼은 글로컬 시대를 "렉서스와 감람나무"라고 말한 바 있다. 전통환경 속에서 국제화 기술의 꽃인 렉서스 자동차를 타며 인생을 즐기는 중동사람을 가리키는 말이다. 여기서 렉서스는 세계화가 추구하는 발전과 풍족, 기술과 효율성의 열매로 인간의 오래된 발전욕구에 대한 충족을 의미하며, 감람나무는 문화정체성의 뿌리와 근거로서 전통가치를 나타낸다. 이는 가족, 가정, 종족, 공동체, 이슬람 종교와 아랍문화로 자기 정체성, 자기 소속감, 자기 존재의 근거가 된다.

　한편, 세계화에 많은 영향을 받은 전통문화들의 다양한 행태변화는 그 문화의 가치와 세계관의 점진적인 변화를 발생시켰다. 계속되는 도시화로 인하여 종래의 부족적 사회와 시골문화가 도시문화로 바뀌고 공동체적 삶과 가치가 상실되어 많은 사람들이 정체성의 위기를 맞이하게 되었다. 이는 결국 변화와 혼란의 시대를 만드는 매개체가 된다. 한마디로 이 시대는 세계화·지역화와 더불어 가치관의 혼란과 정체성의 위기의 시대인 것이다. 이는 문화와 가치의 다양성을 중요시 여기는 후기근대주의의 특징이기도 하다. 또한 자신의 가치와 세계관에 대해 확정된 바가 없는 유동적이고 혼돈의 상태가 계속되는 시대라고 할 수 있다.

02.

리더십이란 무엇인가

리더십의 개념

올바른 리더십은 모든 조직이 추구
하고 있는 필수요소이다. 조직은 리더십의 엄청난 경쟁가치를 인정하
고 그것을 자신들의 중요한 자산으로 여기고 있다. 대중들 또한 리더
십에 대해 기하급수적인 관심을 가지고 있다. 사람들은 서점에서 리더
십에 관한 책을 사서 읽으며 리더십 강연을 듣고 교육을 받는다. 리더
십에 대한 수많은 이론이나 주장들이 난무하여 대중들은 이리저리 현
혹되고 있다. 사람들은 "올바른 리더가 되는 방법은 무엇인가?"에 대한
대답, 그것을 추구하고 있는 것이다.

일반적으로 사람들은 '리더십이란 사람들의 개인적, 사회적, 전문
직업인으로서의 삶을 개선시키는 방법'이라고 알고 있다. 그리고 기업

이나 조직들은 '리더십'을 갖추고 있는 사람을 선호한다. 뛰어난 리더십 능력을 갖춘 사람이 자신들의 조직에 큰 이익을 가져다 줄 것이라고 믿기 때문이다. 그래서 그들은 많은 연구소를 통해 리더십 이론을 연구하고 있다.

이와 같이 리더십은 사회 전 분야에서 관심의 대상이 되고 있다. 또한 전 세계 연구자들 역시 리더십을 연구대상으로 놓고 많은 논문을 발표하고 있다. 리더십에 관한 학술적인 연구들의 개관을 통해 우리는 리더십과정의 복잡성을 설명하기 위한 폭넓고 다양한 이론적 접근방법들이 있음을 알 수 있다.

어떤 연구자들은 리더십을 리더의 특성이나 행동으로 개념화하는가 하면 또 어떤 연구자들은 리더십을 정치적 시각에서 보기도 하고 인본주의적 관점에서 다루기도 한다.

이처럼 리더십연구는 여러 상황에서 정량적 방법, 정성적 방법 등 다양한 방법으로 연구되어 오고 있다. 이같이 다양한 상황을 대상으로 다양한 방법에 의해 연구된 리더십연구결과를 종합해보면, 리더십이란 일반적으로 알고 있는 단순한 관점보다는 훨씬 더 복잡하고 정교한 과정임을 확인할 수 있다.

지금부터는 리더십을 다수의 복합적인 차원으로 이루어진 하나의 복잡한 과정으로 다루려고 한다. '리더십이란 무엇인가'에 대한 대답은 여러 가지 방법으로 찾을 수 있다. 그것은 민주주의, 사랑, 평화 등과 같은 추상적인 단어에 대한 대답을 찾을 때와 동일하다. 리더십을 정의하려고 시도한 학자들의 수만큼 많은 상이한 리더십 정의가 있기 때문이다.

바스에 의하면 어떤 리더십 정의들은 리더십을 집단과정에 초점을 두고 있는 개념으로 파악하고 있다. 이 같은 시각으로 보면 리더가 집단 변화와 집단 활동의 중심에 위치하게 되고 집단의 의지를 통합하는 지위에 서게 된다.

또 다른 정의들은 리더십을 성격의 시각에서 개념화하고 있는데, 리더십이란 다른 사람들로 하여금 과업을 완성하려는 노력(행동)을 유발하는 성격특성이나 그 밖의 특성들의 조합이라고 한다. 또 다른 리더십 정의들은 리더십을 행위 혹은 행동, 즉 집단 내의 변화를 도모하기 위해 리더가 취하는 행동이라고 정의하고 있다.

그 밖에 리더십을 리더와 구성원들 간의 권력관계로 보는 리더십 정의도 있다. 이 같은 관점에서 보면 리더는 권력(영향력)을 가지고 그것을 사용하여 다른 사람들의 행동변화에 영향을 미치는 사람이다.

그리고 또 다른 리더십 정의들은 리더십을 목표달성의 수단으로 보고 리더는 집단성원들을 도와 그들의 목표와 욕구를 성취·충족시키는 사람이라고 한다. 이 같은 리더십개념은 비전설정, 역할모델, 개별적인 배려를 통해 구성원들을 변화시키는 리더십개념을 포괄하는 개념이다.

또한 어떤 학자들은 리더 역량의 시각에서 리더십을 연구하고 있다. 그 같은 시각은 '효과적인 리더십을 가능케 한 것'은 리더역량(지식과 능력)이라는 것을 강조하는 관점이다.

위의 개념들을 구체적으로 살펴보면 다음과 같다.

지도자의 성격 특성personality traits에 근거를 두고 설명한 연구자는 폴 피고스로, "특정한 성격의 소유자가 공동의 문제를 추구하는데 있어서 그의 의지, 감정 및 통찰력으로 다른 구성원들을 이끌어 가고 다스리는 능력"을 리더십이라고 설명했다. 킴벨 영은, "타인의 행동을 통제 지휘 및 비판하는 능력"이라고 설명하기도 했다.

집단구성원의 목표와 자발적인 행동을 유도하는데 리더가 발휘하는 영향력에 중점을 두는 기능이론으로, 알포드와 비틀리는 "기능적 리더십은 집단구성원에게 동기를 부여함으로써 자발적인 행동을 유발시켜 집단목표를 달성할 수 있게 하는 것"이라고 했고, 조지 테리는 "조직의 공동목표 성취를 위하여 스스로 즐겨 행하도록 조직 구성원에게 영향력을 주는 행동"이라고 했다.

리더가 처해 있는 당시의 상황에 주요 변수를 두고 분석하는 것을 상황이론이라고 하는데, 이는 조직의 변화를 가져오는 조직상황에서 리더의 지식과 경험의 현명한 조화로서 이루어진 지식자원을 특수한 상황에 실용적으로 적용하는 것을 의미한다. 즉 이미 주어진 상황에 따라서 리더의 가치가 판단되고 지도자의 행동은 상황과 여건에 의해 결정된다는 것이다.

한편 리더십을 인간관계와 이의 상호작용의 측면에서 접근하는 이론으로는, 스탠필드 사젠트가 "리더십은 집단의 어떤 특정 개인과 조직구성원들과의 사회적 상호작용의 형태이며, 리더와 구성원과의 역할 행동이다."라고 설명했다. 태넨바움은 "어떤 상황 속에서 커뮤니케이션의 과정을 통하여 특정한 목표를 달성하기 위하여 볼 수 있는 대

인간(對人間)의 영향"이라고 설명하기도 했다.

위와 같이 리더십을 개념화하는 데는 여러 가지 다양한 정의가 존재한다. 그럼에도 불구하고 리더십현상에는 그 중심이 되는 몇 가지 구성개념들이 있음을 알 수 있다. 즉, ① 리더십은 과정이다, ② 리더십 과정은 영향을 미치는 과정이다, ③ 리더십은 집단상황에서 일어나는 현상이다, ④ 리더십은 목표달성을 위한 과정이다.

이 같은 리더십의 구성개념들을 기초로 하여 리더십을 정의하면 다음과 같다.

"리더십이란 공동목표를 달성하기 위하여 한 개인이 집단의 성원들에게 영향을 미치는 과정이다."

리더십의 진정성

우리 사회에서 진정한 리더와 리더십의 필요성이 논의된 지는 오래되었다. 그리고 지금도 그것을 배우고자 하는 열기로 우리 사회가 달아오르고 있다. 하지만 진정한 리더와 리더십의 정의는 지금도 여전히 우리 사회에서 큰 논쟁거리로 자리 잡고 있다. 작게는 가정의 리더십이나 기업, 교육현장에서부터 크게는 국가를 경영하는 국가 지도자의 리더십에 이르기까지 우리 사회 전반은 리더십 부재에 당면해 있다. 많은 사람들이 서점에서 책을 사고 강연을 듣고, 심지어 리더십 전문교육에 참여하는 등 리더십을 기르기 위해

고군분투하고 있다. 그럼에도 불구하고 우리 사회가 여전히 진정한 리더와 리더십을 찾아야 하는 이유는 어디에 있는가?

그것은 아마도 리더십에 대한 올바른 인식이 부족하기 때문일 것이다. 또한 체계적인 교육과 함께 지속적인 훈련이 좀더 필요하기 때문일 것이다. 리더십은 단순한 처세술과도 다르며, 임기응변의 기교나 화려한 기술의 테크닉과도 다르다.

"모든 문제는 리더십에서 시작된다."는 말이 있다. 그것은 리더십의 중요성을 극명하게 보여주는 것이라 할 수 있다. 개인의 문제나 가정, 기업, 사회, 국가의 문제에 이르기까지 모든 문제의 중심에는 리더십의 부재가 결정적인 역할을 한다. 리더십이 부족할 경우, 가정은 끊임없이 불화에 시달리며 직원은 승진의 기회조차 갖지 못하고, 상사는 직원들에게 외면당한다. 또 경영자는 기업을 파탄으로 끌고 가며 정치지도자는 언론의 도마 위에 오를 뿐만 아니라 사회통합을 방해하기까지 한다. 결국 리더십이란 조직의 우두머리 몇몇이 갖춰야 할 덕목이 아니라 현대를 사는 일반 사회인이라면 반드시 지녀야 할 인생철학이자 성공하는 삶의 필수요소가 되었다.

다양한 매체를 통해 수많은 사람들이 스스로가 준비된 리더임을 자처하며 홍보하기에 여념이 없다. 그러나 과연 그들이 진정한 리더십과 지도자로서의 자격을 갖추었는지에 대해서는 많은 의구심을 갖지 않을 수 없다. 그 이유는 그동안 진정한 리더로서의 자질과 역할을 보여준 리더가 부족했기 때문이다. 여기서 제시되는 것이 바로 '탁월한 리더의 필요성'이다. 그렇다면 진정한 리더는 어떻게 탄생하며 그의 리더십은 어떻게 현실에 대처해 나갈 수 있는가?

어떤 집단은 아직도 보스(두목) 수준의 리더에게 영도되고 있는 경우도 많다. 행동과학자 피고스 교수가 리더LEADER의 역할을 글자풀이로 설명한 것이 있다. L은 리슨Listen(잘 듣는다, 경청한다)의 뜻이고, E는 에듀케이트Educate(교육한다) 또는 익스플레인Explain(설명한다)의 뜻이다. A는 어시스트Assist(돕는다, 원조한다)의 뜻이고 D는 디스커스(Discuss: 토론한다, 상담한다)의 뜻이다. E는 이밸류에이트Evaluate(평가한다)의 뜻이고 R은 리스폰드Respond(대답하다 또는 책임을 진다)의 뜻이라는 것이다.

이 중에서 가장 중요한 것은 듣는다는 항목으로서 리더는 자기가 하는 일의 70~80퍼센트를 듣는 일에 할애하라고 한다. 물론 듣는다는 것은 다른 사람의 말을 포함해 관련 부문이나 업계의 정보를 듣는 것도 포함된다. 듣는다는 것은 소통의 기반 자세이다. 현대의 열린 사회에서는 소통이 중요한 화두로 떠오르고 있다. 소통은 조직이나 사회를 참여와 통합의 길로 이끄는 요소이다. 따라서 리더는 이러한 소통의 자세를 가져야만 한다. 많이 듣는 것을 포함해서 리더LEADER의 글자가 갖는 의미를 음미해 보면 시사하는 바가 크다.

여기에서 잊지 말아야 할 것이 있다. 맹목적으로 대중의 의견을 따르고 좇는 사람이 되기보다는 그들보다 더 앞선 사람이 되어야 한다는 것이다. 결국 리더십은 타고나는 것이 아니라, 꾸준히 연마해야 비로소 자신의 것이 될 수 있다.

올바른 리더십은 가정, 기업, 사회, 그리고 나아가 국가를 효율적으로 이끌어가는 데 필요한 조건이다. 우리는 위대한 인물로 헬렌 켈러를 꼽는다. 그러나 그의 뒤에는 언제나 설리반 선생이 있었다. 설리반 선생의 훌륭한 리더십이 없었다면 헬렌 켈러는 우리의 기억 속에 길이 남지 못했을 것이다.

"좋은 리더는 사람들이 가고 싶어 하는 곳으로 그들을 이끌어간다. 위대한 리더는 사람들이 절대로 가고 싶어 하지 않지만 꼭 가야 하는 곳으로 그들을 이끌어간다(로살린 카터)."

다른 사람을 긍정적인 방향으로 이끌어갈 수 있는 사람이 바로 진정한 리더이다. 오로지 혼자 앞서가는 것은 올바른 리더의 모습이 아니다. 다른 사람을 변화시켜 좋은 방향으로 이끌 수 있는 사람이 자신의 인생도 성공으로 이끌어 갈 수 있다는 것을 잊지 말아야 한다. 뛰어난 리더가 되기 위해서는 책임을 다해 일할 뿐만 아니라, 자신의 가치와 열정을 기꺼이 조직이나 사회에 투자할 수 있어야 한다.

진정성 리더십

리더의 진정성을 강조하는 리더십으로, 명확한 자기 인식에 기초하여 확고한 가치와 원칙을 세우고 투명한 관계를 형성하여 조직 구성원들에게 긍정적인 영향을 미치는 리더십이다. 즉, 명확한 자기 인식에 기초하여 확고한 가치와 원칙을 세우고 투명한 관계를 형성함으로써 다른 사람들에게 긍정적인 영향을 미치는 리더십을 말한다. 2000년대 들어 엔론Enron 사태와 같은 경영진들의 비윤리적인 사건들로 인해 신뢰할 만한 리더십에 대한 필요성이 강조되면서 등장한 개념이다.

용어 자체가 말해주고 있듯이 진정성 리더십은 리더의 진정성^{au-}thenticity을 강조한다. 진정성을 의미하는 'authenticity'는 '너 자신 그대로'라는 뜻을 가진 그리스 철학에서 유래된 용어로서 성찰을 통해 자아를 인식하고 그것에 기초해서 다른 사람들과 가식없는 관계를 형성하는 것을 말한다. 이러한 특성으로 인해 진정성 리더십은 리더십이 꾸밈없이 진실한지genuine, 그리고 현실real에 부합하는지에 초점을 둔다. 진정성 리더십은 본연의 자기 모습을 인식하고 그대로 행동하는 리더십이라고 할 수 있다. 진정성 리더십을 발휘하는 리더는 다른 사람을 모방하기보다 성찰을 통해 자아를 명확히 인식한다. 그리고 주변 사람들의 기대에 부합하기 위해 자신을 포장하지 않고 자신의 신념을 소신껏 실행한다.

리더와 영향력

우리는 사회 속에서 살아가면서 누군가를 만나 영향을 주거나 받는다. 전혀 모르는 사람이 아니고서는 항상 서로에게 영향을 주고 살아간다. 리더란 자신이 의도하든 그렇지 않든 다른 사람에게 영향력을 행사하는 사람이다. 인격이나 실력이 뛰어난 사람은 그렇지 못한 사람에게 영향력을 행사한다. 그러나 그 반대의 경우는 드물다. 영향력이라는 것은 흐르는 물과 같아서 높은 곳에서 낮은 곳으로 흐르지 거꾸로 흐르지는 않는다. 그것은 자연의 법칙과도 흡사하다. 굳이 어떤 행동을 취하지 않아도 자연스럽게 따르게 되는 사람이 있다. 나아가 우리는 그 사람의 사상까지도 따르고자 하는 경향이 있다. 그런 사람이 바로 리더이다.

그렇다면 우리는 지금 누구에게서 영향을 받으며 살아가고 있는가? 우리는 친구, 동료, 선후배, 상사 등 많은 사람들과 어울려 살아가고 있다. 그런데 불행히도 우리 주위에는 훌륭한 멘토를 찾아보기 힘들다. 기존의 기성세대들은 먹고살기에 바빠서, 혹은 사회구조가 그러해서 등의 이유로 멘토로서의 역할에 충실하지 못한 것이 현실이다. 그렇다고 우리가 기성세대들을 대체할 멘토로 책을 선택하여 읽을 만큼 충분한 여유가 있는 것도 아니다. 우리 사회는 좋은 영향을 주고받을 멘토의 역할이 절실하다.

가정에서는 부모가 자녀와의 대화 시간을 가질 수도 있고 학교에서 선생님께 지도를 받거나 직장에서 상사에게 도움을 받을 수도 있다. 중요한 것은 우리는 좋은 리더에게 영향을 받아야 한다는 것이다. 왜냐하면 누군가에게서 어떤 영향을 받고 있느냐는 한 사람의 인생을 좌우하기 때문이다.

만약 자신의 주위에 멘토로서의 역할을 해줄 사람이 없다면 자기 스스로가 그러한 사람이 되어 보는 것은 어떨까? 혹시 이미 당신은 그러한 사람이 아닌가? 혹시 사람들이 당신에게서 영향력을 받고 변화하고 있지는 않은가? 만약 그렇다면 당신은 이미 리더이다. 이제 남은 일은 사람들에게 긍정적인 영향력을 행사할 수 있도록 부단한 노력을 기울이는 것뿐이다. 리더는 스스로를 변화시키고자 하는 노력, 나아가 다른 사람을 변화시키고자 하는 노력으로 자신을 갈고닦아 나아가는 사람이기 때문이다.

함께하는 리더

스스로가 리더라고 자처하는 이들 중에는 독불장군처럼 혼자서 행군하는 사람이 있다. 그러나 리더는 혼자 걷지 않는다. 리더십의 개념을 정의할 때 꼭 빠지지 않는 요소가 바로 '사람들'이다. 리더는 혼자 되는 것이 아니다. 리더는 언제나 다른 사람들과 함께한다. 다른 사람과 함께 일을 도모할 수 있다는 것도 대단한 능력 중의 하나이다.

"한 사람이 꾸는 꿈은 단지 꿈이다. 그러나 만 명이 하나의 꿈을 꾸면 그것은 현실이다." 100~200만에 불과한 인구로 광활한 대륙을 점령하여 호령했던 몽골의 위대한 왕 칭기즈 칸이 한 말이다. 그는 역사상 가장 유명한 정복왕 가운데 하나이며, 유목민 부족들로 분산되어 있던 몽골을 통일하고 제위에 올라 몽골의 영토를 중국에서 아드리아 해까지 확장시켰다. 역사적 자료를 보건대 칭기즈 칸은 다면적인 성품을 가지고 있었던 듯하다. 그는 뛰어난 체력, 강한 목표의식, 강철 같은 의지를 가지고 있었다. 그는 고집이 센 사람이 아니었기 때문에 아내들이나 어머니를 포함한 모든 사람의 조언을 즐겨 들었다고 한다. 또 그는 평생 자신에게 충성할 사람들을 주위에 끌어모았다. 그리하여 그의 추종자들 중에는 동료 유목민뿐만 아니라 정착문화 세계에 사는 문화인들도 있었다. 칭기즈 칸은 무엇보다도 적응력이 뛰어나고 배울 줄 아는 사람이었다. 함께하는 삶의 의미를 잘 깨우치고 있었던 것이다. 그는 소수의 인구만으로도 당시 인구 1~2억의 중국을 점령했다. 그가 차지한 영토는 알렉산더, 나폴레옹, 히틀러의 그것보다 넓었다.

그는 유목민 부족을 모두 통일했고, 수적 열세에도 불구하고 화레즘 샤나 금 같은 대제국을 정복했다. 또한 그렇게 하면서도 자신의 부족들을 피폐하게 만들지 않았다. 그는 아들인 오고타이를 후계자로 선임하고, 다른 아들들이 오고타이의 말에 따르도록 세심한 배려를 했으며, 오고타이에게 강성한 군대와 국가를 물려주었다. 칭기즈 칸이 죽었을 때, 베이징에서부터 카스피 해에 이르는 광대한 지역이 몽골 제국의 영토로 복속되었고, 그의 부장들은 페르시아와 러시아를 침공했다. 또한 그의 후계자들은 중국, 페르시아, 러시아의 대부분 지역에까지 세력의 판도를 넓혔다. 그들은 칭기즈 칸이 미처 생각지 못했던 그들의 정복지역을 잘 조직된 제국으로 개편하는 일을 실행했다. 칭기즈 칸은 파괴와 약탈을 자행했으나 그가 벌인 정복전은 몽골 제국의 출현을 처음으로 알렸다는 점에서 중요한 의미를 갖는다. 몽골 제국은 중세와 현대를 통틀어 가장 영토가 큰 제국이었다.

이처럼 함께하는 능력은 삶에 있어 시너지 효과를 생성한다. 시너지효과를 쉽게 설명하면 다음과 같다. 시너지는 원래 전체적 효과에 기여하는 각 기능의 공동작용·협동을 뜻하는 말로 종합효과, 상승효과라 번역된다. 예를 들어 '1+1=2'라는 수학적 진리가 있다고 한다면, 시너지 효과의 경우에는 '1+1=3'일 수도 있고, '1+1=5'일 수도 있다는 것이다. 즉, 한 사람의 능력에 다른 사람의 능력이 더해질 경우, 수학적인 정답이 나오는 것이 아니라 그 이상의 결과를 가져올 수도 있다는 것이 시너지 효과이다. 이 같은 시너지 효과는 리더가 다른 사람들과 함께할 때 발생한다.

현재 우리 사회에는 과중한 스트레스와 서열화에 따른 사회 구조가 만연해 있다. 내 곁에 있는 사람은 동료이기 이전에 경쟁관계에 있는 적인 것이다. 안타깝게도, 마음을 나누며 삶의 동반자로서 함께하기 이전에 서로 견제해야 하는 관계가 되어 버린 것이다. 그러나 그것에 머물러서는 안 된다. 당신이 진정한 리더가 되기를 원한다면 함께하는 법을 배워야 한다. 내 옆에 있는 사람은 경쟁자가 아닌 삶을 함께 꾸려나가야 할 동반자로 인식해야 한다. 리더의 삶은 단수가 아닌 복수의 삶이다. 함께하는 삶의 진정한 의미를 깨우칠 때에라야 당신은 진정한 리더가 될 수 있다.

리더와 자기확신

우리 사회에는 여러 가지 문제들이 산적해 있다. 세대 간의 갈등, 정치 이념적 갈등, 남북 간의 정치적 문제, 대한민국의 교육 문제, 경제 문제, 소득의 불균형 문제, 환경 문제, 국가 간의 문제, 기후 문제, 질병의 문제 등이 그것이다. 리더는 이 같은 문제의 답을 찾는다. 답을 찾는 과정에서는 여러 다른 사람들의 의견을 경청한다. 앞에서 살펴보았듯 경청하는 능력은 리더의 가장 기본이 되는 능력이다. 그러나 일단 문제 해결의 방법을 찾은 다음에는 그것을 실현시켜 나갈 추진력이 필요하다. 여기에는 리더의 자기확신이 필요하다. 리더의 자기확신이란 지도자가 선택한 길을 말한다. 리더는 누가 뭐라 한다 해도 자신이 옳다고 여기는 것을 밀어붙일 힘이 있어야 한다. 물론 여기에는 전제 조건이 있다. 리더의 선택이 옳은 것이어야 한다는 것이다. 리더는 심사숙고를 거쳐 공동체의 길을 제시해야 한다.

가정이나 사회나 국가 등 어떤 공동체를 막론하고 문제가 없는 곳은 없다. 모든 공동체에는 항상 갈등과 위기가 존재한다. 리더는 그러한 문제에 대한 답을 찾는 방법을 아는 사람이다.

조선시대 세종대왕은 조선에 산적한 여러 문제들에 대한 해결책을 고심한 왕이었다. 주위의 여러 신하들을 통해 문제들에 대한 의견을 경청한 그는 해결책을 내어 놓았고 굳건히 그것을 실행에 옮겼다. 그는 재위기간 동안 유교정치의 기틀을 확립하고, 공법(貢法)을 시행하는 등 각종 제도를 정비해 조선왕조의 기반을 굳건히 했다. 또한 한글의 창제를 비롯하여 조선시대 문화의 융성에 이바지하고 과학기술을 크게 발전시키는 한편, 축적된 국력을 바탕으로 국토를 넓혔다. 세종은 태종이 이룩한 왕권강화를 바탕으로 유교정치의 이상을 실현하기 위한 여러 정책을 시행했다. 의정부의 권한을 제한하고 왕권을 강화하기 위해 태종 때 실시된 6조직계제를 이어받아 국정을 직접 관장했다. 그후 왕권이 안정되자 6조직계제를 폐지하고 의정부서사제를 부활했다. 이는 집현전에서 성장한 많은 학자들이 의정부의 지나친 권력행사를 견제할 수 있었기에 가능했다. 이와 아울러 세종은 승정원의 기능을 강화해 실제적으로는 이를 통해 모든 정무를 통괄했다.

1420년 설치된 집현전은 젊고 유능한 학자들을 육성하는 동시에, 왕과 세자에 대한 학문적인 자문·교육과 각종 학술연구·서적편찬을 담당하는 기구였다. 성삼문·박팽년·하위지·신숙주·정인지 등 집현전을 통해 배출된 학자들은 유교이념에 입각한 정치와 문화를 확립하는 데 주역이 되었다. 한편 세종은 태조 이래의 억불숭유정책을 계승해 이를 정치이념이나 정치제도뿐만 아니라 사회윤리의 측면에까지 확대했으며, 《효행록》·《삼강행실도》·《주자가례》를 간행·보급해 유교적인 사회질서의 확립을 위해 노력했다.

세종대에는 정치적·경제적 안정을 바탕으로 문화가 크게 융성했다. 집현전을 중심으로 이루어진 학문연구와 각종 편찬사업을 비롯하여 음악·미술 등 예술활동이 활발했다. 특히 훈민정음의 완성과 반포는 이 시기 문화유산의 결정이라 할 만하다.

이 같은 세종대왕의 자기확신으로 조선은 역사 이래 최대의 부흥기를 맞이할 수 있었다. 이것이 시대가 안은 문제에 답을 할 수 있었던 리더인 세종대왕이 존경을 받는 이유이다.

이처럼 우리 시대의 문제에 답을 찾을 수 있는 사람이 이 나라의 지도자이다. 가장 중요한 것은 바로 당신이 이 땅에 해답을 제시하는 지도자가 되는 것이다.

리더의 유형

역사적 관점의 리더십

| 신화적 리더십

고대인들은 어떤 사람을 리더라고 생각했을까? 그들은 리더를 타고난 사람이라고 생각했다. 그들은 리더란 하늘(우주)에서 내린 비범한 인물이라고 생각했다. 문학이나 인문학 등 각종 분야에서는 신화적인 요소를 더해서 리더를 타고난 사람이라고 표현한다. 고대국가인 고구려의 건국신화를 예로 들어 살펴보자. 동명성왕 신화는 고구려건국신화 또는 동명왕의 이름을 따 주몽신화라고도 한다. 주몽의 아버지는 천제인 해모수였는데, 성북 청하에서 놀고 있는 하백의 딸 유화와 인연을 맺고 하늘로 돌아간다. 이 일로 하여 유화는 하백에게 쫓겨나 우발수에 있다가 금와왕에게 구출되고, 후에 해(日)에 잉태되어 1개의 알을 낳는데 이것이 주몽이다. 알은 상서롭지 못하다 하여 마구간과 깊은 산에 버려지지만 짐승들의 보호를 받고 태어나 어머니에게서 양육된다. 어려서부터 활을 잘 쏘아 주몽이라 불렸는데, 부여 왕의 태자들이 그의 능력을 시기하여 죽이려 하자 유화는 주몽에게 남쪽으로 가 뜻있는 일을 하라고 한다. 주몽은 계략을 써서 왕실의 준마를 얻고, 세 현우(賢友)가 함께 길을 떠나 엄체에 이르렀을 때, 그를 도우러 나타난 물고기와 자라들이 만든 다리를 밟고 강을 건너 추격병을 피한다. 주몽은 유화가 보낸 보리씨를 비둘기로부터 받고, 남쪽으로 내려와 경계가 좋은 곳에 왕도를 정하고 나라이름을 고구려라 한다. 비류국 송양 왕과의 언변 및 활쏘기 시합에서 크게 이겨 송양왕의 영토를 빼앗고, 성곽과 궁실을 크게 짓는다. 재위 19년에는 부여에서 온 아들 유리와 부러진 두 조각의 칼을 하나로 맞춰본 뒤 그를 자식으로 인정하고 태자로 삼는다. 죽어 용산에 장사되었는데, 시호를 동명성왕이라 했다.

신라의 건국신화에는 박혁거세 신화가 있다. 원래 신라가 자리한 서라벌 지역에는 여섯 개의 촌이 있어 육부촌이라 불렸다. 각 촌에는 촌장이 있어 대소사를 관장하였고 6촌장들이 모인 화백회의가 있어 만장일치제로 6촌 전체의 문제를 결정하였다. 기원전 69년의 화백회의에서 6촌에는 임금이 없어 백성들이 법도를 모르니 임금을 추대하고 도읍을 세우자는 의견이 나왔다. 이에 6촌장들이 산에 올라 서라벌 땅을 굽어보니 남산 기슭의 나정 우물가에 신비한 기운이 서려 있어 모두 그곳으로 갔다. 우물가에는 흰말이 있었는데 6촌장들이 나타나자 말은 하늘로 오르고 우물가에는 큰 알이 하나 놓여 있었다. 알에서 건장한 사내아이가 나왔는데 아이의 몸에서는 광채가 나고 뭇 짐승들이 모여 춤을 추었으며 해와 달이 밝게 빛났다. 6촌장들은 아이의 이름을 박혁거세라 칭하고 왕으로 추대하였다. 왕은 국호를 서라벌이라 하고 스스로를 거서간으로 정했다.

박혁거세가 왕으로 추대된 후 어느 날, 샤량리의 알영 우물가에서 계룡이 나타나 겨드랑이로 여자아이를 낳았다. 여자아이는 얼굴이 아름답고 피부가 고왔지만, 입술에 닭의 부리가 달려 있어 보기 흉했다. 사람들이 여자아이를 북쪽 시냇가로 데려가 씻기니 부리가 떨어지고 매우 고운 자태를 드러내었다. 아이가 자라 13세가 되어 왕후로 추대되었다. 아이의 이름은 알영이다. 사량리의 알영 우물가를 따서 이름을 지은 것이다. 삼국유사에서는 박혁거세와 알영의 나이는 같으며, 나라 사람들이 박혁거세와 알영부인을 '성인'이라고 부르며 크게 좋아하였다고 한다.

이처럼 신화 속의 리더들은 비범한 출생과 남다른 뛰어난 재능을 부여받은 인물로 그려지고 있다. 고대인들은 리더가 자신들과는 다른 하늘(우주)의 섭리로 태어난 위대한 인물이라고 생각한 것이다.

그들은 타고난 리더에게는 카리스마가 있다고 생각했다. 카리스마란 추종자들이 지도자가 갖추고 있다고 믿는 경외로운 속성이나 마력적인 힘, 또는 사람을 강하게 끌어당기는 인격적인 특성을 일컫는 말이다. 이는 종교지도자만이 아니라 세속적·정치적 지도자들에게서도 찾아볼 수 있다. 카리스마라는 말은 독일의 사회학자 막스 베버에 의해 학술적인 용어로서 본격적으로 사용되기 시작했다. 베버는 그의 저서 〈경제와 사회〉에서 카리스마적 권위를 전통적·법률적 권위와 구별되는 형태의 권위로서 정식화했으며, 이런 권위가 변형되는 과정을 '카리스마의 일상화'라고 표현하기도 했다. 일반적인 의미로는 대중적이고 사람을 끌어당기는 힘을 가진 사람들을 카리스마적이라고 하지만, 원래의 뜻에 의하면 예수나 나폴레옹처럼 비범한 인물들만을 카리스마적이라고 규정할 수 있다.

고대인들은 리더가 비범한 인물이라 생각했기에 많은 사람들이 이러한 카리스마를 흉내 냈다. 이러한 현상은 현대에서도 마찬가지다. 많은 지도자들이 이런 카리스마적 리더를 흉내 내려고 하는 것을 적잖이 볼 수 있다. 하지만 그것은 어리석은 행동이다. 리더는 타고나는 것이 아니라 만들어지는 것이기 때문이다. 고대의 리더십이 일부 종교 지도자와 정치 지도자의 독단적 카리스마의 형태로 나타난 것에 비춰볼 때, 신화적 리더십은 인간의 헛된 믿음이 만들어낸 허구적인 리더상이라고밖에는 볼 수 없다.

처음부터 결정지어진 것은 아무것도 없다. 당신이 진정한 리더가 되기를 꿈꾼다면 스스로를 부단히 담금질하여 노력해야 한다. 그것이 진정한 리더가 될 수 있는 길이다.

| 합리적 리더십

합리적 리더십이란 합리적으로 이성적인 사람이 리더가 되어야 한다는 가치관을 일컫는다. 이러한 합리적 리더십은 17세기 이후 종교개혁과 산업혁명의 토양 속에서 싹트기 시작했다. 서양의 종교개혁과 산업혁명으로 인간 사회는 많은 변화를 겪게 되었다. 사람들의 세계관이 신화적인 것에서 이성적인 것으로 변화함과 동시에 물질적으로도 풍요로워졌다. 이성이 모든 가치의 최우위에 서게 되자 사람들은 이성이라는 명목 하에 무서울 것이 없어졌다.

결국 물질문명의 발달과 이성의 무분별함은 제 1,2차 세계대전을 낳고야 말았다. 이러한 비극의 역사 뒤에는 잘못된 리더들이 있었다. 독일의 히틀러, 이탈리아의 무솔리니, 일본의 천왕 등이 권력을 흔들며 현대사회를 황폐화시켰다. 히틀러의 경우를 예로 들어 살펴보자. 히틀러는 제1차 세계대전이 발발한 뒤 독일군에 자원 입대한다. 열렬한 독일민족주의자, 반유대주의자였던 그는 전쟁에서 패배하자 크게 낙담하였고, 이후 정치활동에 적극 참여하였다. 그는 독일의 11월혁명과 베르사유 조약에 반대해, 반혁명 반유대주의 정당인 독일노동당(이후의 나치당)에 들어갔다. 뛰어난 연설 솜씨로 당세를 넓혀나가 1921년에는 나치당 총서기가 되었다. 1933년 1월 총리직에 올랐고, 군부와 자본가의 지지로 이듬해 절대권력자인 총통에 취임했다. 이미 전쟁을 결심했던 그는 1939년 9월 폴란드를 침공함으로써 제2차 세계대전을 일으켰다. 그의 가혹한 점령정책과 유대인에 대한 반(反)인륜적인 범죄는 전세계적 나치 저항운동을 불러일으켰다. 그러나 독일에서 반히틀러 세력은 극히 적었다. 그는 끝까지 전쟁을 수행했으나 결국 패배했고, 1945년 4월 30일 베를린의 총통 관저 지하에서 음독자살하고 만다.

이처럼 히틀러는 독일인들의 전폭적인 지지를 등에 업고 독재적인 리더십을 펼쳤다. 그의 잘못된 리더십 때문에 독일은 인류를 전쟁의 횡포 속으로 몰아넣는 결과를 낳았다. 물론 이 같은 비극을 막는데도 이성의 힘을 굳게 믿었던 리더들의 역할이 컸다. 아이젠하워나 윈스턴 처칠 같은 리더들이 바로 그들이다.

합리적이면서도 이성적인 사람이 리더가 되어야 한다고 믿었던 사람들의 세계는 제 1,2차 세계대전으로 산산이 무너지고 말았다. 그러자 사람들은 이 합리적인 세계에 대해 회의를 품기 시작했다.

| 변혁적 리더십

변혁적 리더십이란, 리더가 구성원들과 함께 리더와 구성원 양자 모두의 동기유발수준과 도덕수준을 높이는 연결관계를 창조해 가는

과정을 가리키는 말이다. 이러한 변혁적 리더는 구성원들의 동기와 욕구에 관심을 기울이며 구성원들이 그들의 능력을 최대한 발휘할 수 있도록 도와주는 데 노력을 기울인다. 번즈는 마하트마 간디를 변혁적 리더십의 고전적 사례로 지적하고 있다. 간디는 다양한 성향을 지닌 많은 남녀노소 그리고 서구의 많은 종파의 종교인과 인도의 거의 모든 정파로부터 애정과 충성을 받았다. 간디는 수많은 국민들의 요구와 희망의 수준을 드높였으며, 그 과정에서 자기 자신을 변화시켜 나아갔다. 기업조직에서 볼 수 있는 변혁적 리더십의 예로는 보다 더 높은 수준의 공정성과 윤리성이 경영의 관행에 반영되도록 하기 위해 회사의 기업 가치관을 스스로 변화시키려고 시도하는 경영자를 들 수 있다. 이러한 과정을 통해 경영자와 구성원 모두는 보다 더 강력하고 보다 높은 수준의 도덕성을 갖게 된다.

변혁적 리더들은 구성원들에게 권한을 위임해 주고 변화과정에서 구성원들의 능력을 키워 나가려고 한다. 리더들은 구성원들의 공익의식을 높이고 다른 사람들을 위하여 그들 자신의 이익을 초월할 수 있도록 하기 위해 노력한다.

하지만 이러한 변혁적 리더십에 대해서 몇 가지 비판적 관점이 존재한다. 변혁적 리더십이 선택된 엘리트의 것이고 반민주적이라는 주장이 첫 번째이다. 변혁적 리더들은 종종 변화를 창조하는 데 직접적인 역할을 하고 비전을 만들어내며 새로운 방향을 지향한다. 이 같은 점이 변혁적 리더를 구성원들과는 별개로 독립적으로 행동한다고 보게 만들고 있다. 또는 구성원들의 필요를 고려하지 않는다는 인상을 주고 있기도 하다.

다음으로는 변혁적 리더십의 남용 가능성을 비판하고 있다. 변혁적 리더십은 사람들의 가치관을 변화시키고 새로운 비전으로 그들을 이끌어가는 것과 관련이 있다. 그러나 그 새로운 방향이 바람직하고 보다 긍정적인지에 대한 결정은 누가 할 것인가? 새로운 비전이 더 좋은 비전이라는 것은 누가 결정하는가? 만약 리더가 구성원들에게 가르치려는 가치관이 더 좋은 가치관이 아니라면, 그리고 만약 일련의 가치관이 종전의 가치관을 보완할 수 있는 것이 아니라면, 그 리더십은 다시금 도전을 받게 될 것이다.

우리나라를 포함하여 제3세계 국가에서는 빠른 경제 성장의 후유증으로 밀어붙이기식의 의사결정과 정권의 장기독재를 낳게 되었다. 국민들은 그들의 자유와 인권을 유린당했고 자연스레 민주화를 요구하는 목소리가 커지게 되면서 사회변화가 일어나기 시작했다. 70, 80년대 우리나라도 마찬가지였다. 국민들은 기존의 리더들을 끌어내리고 새로운 리더를 옹립하기를 꿈꾸었다. 그 결과 과거의 기능적인 리더들은 변혁적인 리더들로 바뀌었다. 그리고 그들은 우리 사회에 많은 변화를 가져왔다. 그러나 앞에서 살펴보았듯이 변혁적 리더십에 대한 다양한 비판이 생겨나게 되었다. 변혁적 리더들은 그들이 옳다고 생각하는 방향으로 구성원들을 밀어붙였고 다양한 사회의 요구는 무시당하기에 이르렀다. 그것이 변혁적 리더들의 한계였다.

| 권한부여형 리더십

현대사회는 포스트모더니즘이 풍미하고 있다. 포스트모더니즘이란 제2차 세계대전 후 권위주의적인 모더니즘에 대한 반발로 시작된 것이다. 즉 서구세계는 제2차 세계대전과 그 직후에 일어난 여러 가지 사건들 (유대인 대량학살, 히로시마 원폭투하, 생태계파괴, 핵전쟁위협 등) 인간성을 위협하는 이러한 현상들에 대하여, 헬레니즘 철학자들이 구축한 서구세계의 지적 인식틀 안에 깊숙이 내재되어 있는 합리주의 이성론에 대해 회의를 품기 시작했다. 이후에 계속된 사회 문화적인 변화 역시 이러한 현상을 더욱 가속화 시켰으며 오늘날 흔히 얘기되는 후기 산업사회, 정보화시대, 대중소비사회라는 용어들은 이러한 새로운 질서를 다각적으로 표현한 것들이다.

포스트모더니즘은 사회에도 많은 영향을 미쳐 여러 가지 현상을 빚어내기에 이르렀다. 예를 들면, 우리나라 국민이라면 모두가 군대에 입대해야 한다는 공동체적 가치관에 반해서 양심적 병역의 문제로 군대에 입대하기를 거부하는 현상이 있다. 또 촛불시위로 대표되는 광장 정치처럼 기존의 대통령이 가진 리더십과 통치방법에 반기를 들어 시위를 한다는 등 절대적 가치나 기준이 도전받는 현상이 그것이라 말할 수 있다.

하지만 포스트모더니즘의 역기능적인 측면을 경고하는 우려의 목소리도 높아지고 있다. 포스트모더니즘에 대한 비판은 다양한 지적 측면에서 이루어지고 있으며, 대표적인 것으로 포스트모더니즘은 무의미하고 몽매주의를 양산시킨다는 것, 과학의 엄밀성을 침해한다는 것, 실질적 사회 발전에 도움을 주지 못한다는 것 등이 있다. 즉, 포스트모더니즘의 해체주의가 주체성을 해체함으로써 주체마저 사라져 사회적 저항의 구심점이 사라졌다고 비판하는 것이다.

포스트모더니즘의 시대에는 절대적 리더란 존재하지 않는다. 자신과 함께하는 사람들이 전문적인 영역에서는 리더보다 뛰어나다는 것을 인정하고 그들에게 권한과 책임을 동시에 부여해야 한다. 그래서 공동체가 모두 리더의 역할을 해야 한다.

이시대가 요구하는 리더는 그 진실성과 감성, 그리고 실력을 갖춘 사람이다. 진실성이 실력과 조화를 이루어 사람들을 감동시킬 수 있는 훌륭한 인격의 리더가 필요하다.

현 시대에 필요한 리더십

| 원칙중심의 리더십

세계적으로 존경받는 리더십 권위자이자 가족공동체 전문가이며, 교사, 조직 컨설턴트, 저술가인 스티븐 코비는 그의 책에서 원칙중심의 리더십에 대해 강조한다. "원칙 중심의 삶은 변화나 주위 사람들과의 비교 또는 비판에 흔들리지 않는 충분한 안정감을 가져다준다. 그것은 또한 자신의 사명을 발견하고, 역할을 규정하고, 스스로 자신의 인생 각본과 목표를 쓸 수 있도록 지침을 제공하며, 자신의 실수로부터 배우고, 지속적으로 개선을 추구하는 지혜를 갖게 한다. 원칙 중심의 생활은 스트레스와 피로 속에서도 남들과 의사소통을 하고 협조할 수 있는 역량을 갖게 한다." 그는 존경받는 내면의 힘과 진정한 리더십을 얻기 위해서는 원칙을 삶의 중심에 놓아야 한다고 말한다. 원칙은 실패하지 않으며, 우리를 내팽개치고 다른 곳으로 가 버리지도 않기 때문이다. 원칙 중심의 삶이야말로 혼돈과 변화의 급물살 속에서 흔들리는 우리에게, 삶을 제대로 세울 수 있는 가장 안정적이고 움직이지 않고 흔들리지 않는 기초가 되어 주기 때문이다.

물리적 세계를 지배하는 원칙이 있듯이 인간세계를 지배하는 원칙도 있다. 원칙이란 지난 수세기 동안 모든 위대한 사회와 문명에 걸쳐 점진적으로 전해져 내려온 자연법칙이자, 지배적인 사회가치이다. 리더들에게는 이러한 원칙이 있어야 한다. 그들의 행동 하나하나는 이러한 원칙의 기반 위에서 이루어져야 한다. 리더가 자신의 안위나 이익을 위해 권력을 남용한다면 그 공동체는 산산이 부서질 수밖에 없다. 설사 원칙에 따르는 것이 리더 자신에게 불리하다 할지라도 원칙에 따라 움직여야 한다. 원칙은 설사 리더가 바뀌더라도 변하지 않는 것이라야 한다. 최소한의 원칙을 정하고 그것을 지키고자 노력하는 것이 진정한 리더의 모습이다.

원칙을 만들어라. 그리고 지켜나가라. 그러면 당신은 진정한 리더가 될 수 있다.

| 도덕적 리더십

많은 사람들이 리더십 훈련 프로그램을 통해 리더십을 함양하고자 한다. 그런데 대부분의 리더십 훈련 프로그램에서는 진정한 리더십이란 것을 어떻게 하면 돈을 많이 벌고, 어떻게 성공할 것인가에 관한 것으로 가르치는 경우가 많다. 자연히 사람들은 리더십을 갖춘 리더란 대중의 사랑을 먹고사는 스타 중에 한 사람쯤으로 오해하기도 한다. 그러나 지금 이 시대의 대한민국에 필요한 지도자는 도덕적 지도자이다.

새로운 시대에는 도덕성을 갖춘 사람이 능력을 평가받는 시대가 될 것이다. 왜냐하면 많은 기성세대가 그렇게 살지 못했기 때문이다. 세계로 뻗어가는 선진국이 되기 위해서는 도덕성이라는 산을 넘어야 한다. 과거 우리나라는 빠른 시간 안에 고도의 경제성장을 이룬 것을 자랑스러워했다. 그러나 그 경제성장이라는 명분 뒤에는 부정부패라는 어둠의 그늘이 드리워져 있었다. 이것은 지금의 우리나라에서도 마찬가지다. 가장 먼저, 여러 가지 이유로 묶이는 부정부패를 척결해야 한다. 세계 모든 국가, 모든 사회를 통틀어 가장 기본이 되는 것은 도덕성이다. 그 나라의 경쟁력을 가늠할 수 있는 척도는 도덕적 리더를 가졌느냐 하는 것이다. 그 사회가 발전한 사회일수록 더욱 높은 수준의 도덕성이 요구된다. 도덕적 리더를 가진 사회는 그만큼 더 큰 발전을 이룩할 수 있다.

그러면 도덕적 리더들이 가져야 할 정신은 무엇일까? 바로 노블레스 오블리주 정신이다. 노블레스 오블리주란 프랑스어로 "귀족성은 의무를 갖는다"라는 것을 의미한다. 보통 부와 권력, 명성은 사회에 대한 책임과 함께해야 한다는 의미로 쓰인다. 즉, 노블레스 오블리주는 사회지도층에게 사회에 대한 책임이나 국민의 의무를 모범적으로 실천하는 높은 도덕성을 요구하는 단어이다. 하지만 이 말은 사회지도층들이 국민의 의무를 실천하지 않는 문제를 비판하는 부정적인 의미로 쓰이기도 한다.

"고귀하게 태어난 사람은 고귀하게 행동해야 한다."라는 뜻의 노블레스 오블리주는 과거 로마제국 귀족들의 불문율이었다. 로마 귀족들은 자신들이 노예와 다른 점은 단순히 신분이 다르다는 게 아니라, 사회적 의무를 실천할 수 있다는 사실이라고 생각할 만큼 노블레스 오블리주 실천에 대해 자부심을 갖고 있었다.

초기 로마공화정의 귀족들은 솔선하여 거장 한니발의 카르타고와 벌인 포에니 전쟁에 참여하였고, 16년간의 제2차 포에니 전쟁 중에는 13명의 집정관이 전사하였다. 집정관은 선거를 통해 선출된 고위공직자로 귀족계급을 대표하며, 로마의 관리 중에서 가장 높은 관직이었다. 또한 로마에서는 병역의무를 실천하지 않은 사람은 호민관이나 집정관 등의 고위공직자가 될 수 없었을 만큼 노블레스 오블리주 실천이 당연하게 여겨졌다.

고대 로마에서는 자신의 재산을 들여 공공시설을 신축하거나 개보수한 귀족에 대해서 "아무개 건물" "아무개가 이 도로를 보수하다" 이런 식으로 귀족의 이름을 붙여주었는데, 귀족들은 이를 최고의 영광으로 생각하였다. 또한 법을 제안한 정치인의 이름을 따서 법의 이름을 만들었다. 고대 로마의 부자들은 자신의 재산을 군자금으로 기부하였는데, 실제로 제1차 포에니 전쟁 당시 로마에서는 군선 200척을 건조하여 전쟁을 승리로 이끌기도 하였다.

이렇듯 지배계급인 로마의 귀족들이 사회적인 의무를 충실하게 실천하는 전통은 로마사회의 통합을 이루었으며, 나라에서도 장려책을 사용해 적극적인 참여를 이끌어 내었다.

고대 로마의 노블레스 오블리주 전통은 미국에도 전승되었다. 미국 법령에 제안자의 이름이 들어가 '매케인-파인골드법' 같이 법률 명칭을 부른다던가, 철강왕 앤드류 카네기가 세운 카네기멜론 대학교, 은행가 존스 홉킨스가 세운 존스 홉킨스 대학교 식으로 설립자의 이름을 붙인 대학 등이 현재 미국에 존재한다. 미국은 로마와 같이 상업주의를 추구하며, 법률이 매우 발달해 있으며, 영향력은 전 세계적인 점에서도 고대 로마와 매우 닮았다. 원로원과 민회로 구성된 고대 로마의 정치제도도 하원과 상원으로 모방하고 있다.

영국의 전통 있는 학교인 이튼 칼리지의 학생들은 제1차 세계대전 당시 참전하여 전사하였으며, 학교에서는 전사자들의 이름을 기록한 기념비를 제작하였다. 독일 귀족이 공군 조종사로 참전한 사례도 있는데, 비행기가 격추되어 탈출한 적은 사살하지 않아서 영국군 조종사들도 그의 전사를 애석하게 여겼다. 즉, 유럽의 지식인들과 귀족들은 사회적 의무인 병역의무를 실천하는 것을 당연하게 여겼다.

현재 영국의 여왕인 엘리자베스 2세는 1945년 조국을 위해 봉사하고 싶다며, 아버지 조지 6세의 허락을 얻어 또래 소녀들이 봉사하고 있는 영국 여자 국방군의 구호품 전달 서비스부서에서 군복무를 하기도 하였다.

우리나라에서는 사회 저명인사나 소위 상류계층의 병역기피가 매우 오래된 병폐로 잔존하고 있다. 정훈이라고 하여, 군인 정신교육에서 노블레스 오블리주를 매우 강조하고 있으나 고대 로마와 로마를 따라하는 미국처럼, 법률 명칭이나 공공시설 명칭 등에 귀족의 이름을 붙여서 '혜택'을 부여하거나 해서, 내부의 유행을 일으키지는 못하고 있다.

현재 우리나라에서 기증자의 이름을 붙인 유명한 공공시설로는 고 김대중 전 대통령의 이름을 딴 김대중 도서관이 있다. 한국에서도 조선 정조 당시 흉년으로 인한 기근으로 식량난에 허덕이던 제주도 사람들을 위해 전 재산으로 쌀을 사서 분배한 거상 김만덕, 군수업으로 번 막대한 재산을 독립운동에 대부분 사용한 최재형, 집안의 노비를 해방하고 민족적 자립을 위한 무장투쟁의 선봉에 서는 동시에 국가의 미래를 위한 교육사업도 활발히 펼친 김좌진, 백리 안에 굶는 이가 없게 하라는 신념을 사회복지로 실천하여 민중들의 생존권 투쟁이 치열했던 19세기에도 화를 입지 않은 경주 최부잣집처럼 노블레스 오블리주를 실천한 역사적 사례가 있다.

유한양행 설립자 유일한도 노블레스 오블리주를 실천한 사람이다. 그는 미국에서 숙주나물 통조림을 생산하는 라초이 회사를 운영할 당시 녹두를 공급하던 중국 상인이 탈세하는 것을 보고 충격받았다. 그래서 유한양행을 설립하자 도덕적 해이를 경계하여 정경유착, 탈세, 마약생산을 절대로 하지 않았으며, 주식회사 체제로 경영하여 사원들이 경영에 참여하도록 하였다. 이렇게 번 돈으로 유일한은 유한공업고등학교를 설립하였다.

| 섬김의 리더십

진정한 리더는 아무나 될 수 없다. 진정한 리더가 되기 위해서는 '섬긴다'는 의미를 자기 안에 내재시켜야 한다. 리더는 이끌어야 한다는 기존 관념을 뛰어넘어 먼저 섬겨야 한다. 섬김의 리더십은 자신을 내세우지 않고 봉사와 헌신으로 남을 존중하면서 자연스럽게 권위를 얻는 리더십을 말한다. 섬김의 리더십은 무작정 끌고 가는 것이 아니라 따라오게 만드는 힘이라고 할 수 있다. 조직 위에 군림하는 리더십이 아닌 조직 내부에서 자발적으로 형성되는 리더십, 조직원들에게 동기를 부여하고 그들의 성공을 지원하는 데 역점을 두는 '서비스형 리더십'의 전형이다. 섬김의 리더십에서 '동기부여 능력'을 최고로 꼽는다. 상사가 부하에게, 부하가 상사에게 일방통행(명령)이 아닌 상호작용이 이뤄지는 조직문화를 만들어 가는 것이 섬김의 리더십이다.

삼성경제연구소에서는 다음과 같이 섬김의 리더십의 요소를 설명한다.

1) 경청하는 자세

섬기는 리더는 말로 표현된 것이나 그렇지 못한 것 모두에 귀를 기울인다. 묵상의 시간과 짝을 이루는 경청은 섬기는 리더를 바르게 성장시키는데 필수적이다.

2) 공감하는 자세

섬기는 리더는 타인을 이해하고 그들과 공감하기 위해 노력한다. 사람들이 갖고 있는 각자의 독특하고 특별한 모습은 누구나 인정받아야만 한다. 섬기는 리더는 이런 각자의 독특한 특성을 인정하고 공감하는 자세를 가지고 사람들을 대한다.

3) 치유에 대한 관심

많은 사람들은 낙담한 영혼을 가지고 있으며 다양한 감정적 상처로 인해 고통받고 있다. 섬기는 리더가 보여주는 가장 강력한 영향력 가운데 하나는 사람들이 갖고 있는 상처와 고통의 치유에 관심을 갖고 있다는 것이다.

4) 분명한 인식

섬기는 리더는 무작정 섬기지 않는다는 점에서 '종(servant)'과 다르다. 섬기는 리더가 보여주는 결정과 태도는 그의 분명한 인식을 통해 나타나는 것들이다.

5) 설득

섬기는 리더가 갖는 또 다른 특징은 지위의 권위에 의존하기보다는 설득에 의존한다는 점이다. 즉, 순종을 강요하기보다는 타인을 납득시킨다. 이것은 전통적인 권위주의적 모델과 섬기는 리더를 구분 짓는 확실한 차이점이다.

6) 폭넓은 사고

전통적인 리더는 단기적인 목표를 성취하기 위해 에너지를 소진한다. 섬기는 리더는 좀 더 폭넓은 사고를 통해 미래에 대한 비전을 가지고 현실에 적합한 조치를 취하기 위해 노력한다.

7) 통찰력

섬기는 리더는 자신이 갖고 있는 통찰력을 통하여 사람들에게 과거로부터의 교훈을 이해할 수 있도록 돕는다. 그 결과 그들로 하여금 현실을 제대로 인식하게 하며 어떤 결정으로 인해 수반될 수 있는 미래의 결과에 대한 예측을 가능케 한다.

8) 청지기 의식

섬기는 리더들은 자신이 다른 사람들을 섬기기 위해 현재의 직분을 맡고 있다고 생각한다. 따라서 그들에게 있어서 최우선적인 일은 다른 사람들을 위한 헌신이다. 그리고 다른 사람들에게 통제보다는 '개방과 설득'이라는 방법을 주로 사용한다.

9) 사람의 성장에 대한 헌신

섬기는 리더는 사람들이 일하는 부분만큼 실제적인 기여를 넘어서서 본질적인 가치를 갖는다고 믿는다. 따라서 모든 구성원들이 제시한 아이디어의 제안들에 대해 관심을 표현하거나 의사결정 과정에 직원의 개입을 적극 권장한다.

10) 공동체 형성

섬기는 리더는 조직 안에서 일하는 사람들 사이에 공동체 의식을 형성할 수 있는 수단을 찾기 위해 노력한다. 참다운 공동체란 직장에서 일하는 사람들 사이에서도 형성될 수 있다고 생각한다.

그렇다면 생각해보자. 과연 리더를 위해 공동체가 존재하는가, 아니면 공동체를 위해 리더가 존재하는가? 물론 리더는 공동체를 위해 존재한다. 그러나 지금까지 우리는 리더십이란 리더를 위해 다른 사람들이 존재하는 것처럼 생각해왔다. 이러한 오류에서 발상의 전환을 요구하는 리더십이 바로 '섬김의 리더십'인 것이다. 이는 곧 리더는 공동체를 위해 존재해야 한다는 것이다.

섬김의 리더십을 몸소 실천했던 인물로 마더 테레사를 들 수 있다. 열성적인 카톨릭 신자였던 부모님의 영향으로 어려서부터 교회를 열심히 다니며 교리 공부를 열심히 했던 테레사는 선교활동에 관심을 갖고 1928년 로레토 성모 수녀회에 들어갔다. 수녀회에서 학생을 가르치다가 인도의 캘커타 빈민가에서 가난한 사람 중에서도 가장 가난한 사람들에게 자신을 헌신하는 열망으로 '사랑의 선교회'을 열고 집을 마련하였다. 나환자들이 자립해서 살 수 있게 도와주는 재활 센터를 마련하기도 하고, 빈민굴에서 부모를 잃고 고생하고 있는 고아들을 데려다가 돌보기도 했다. 세계 곳곳에 분원을 설치하여 가난으로 고생하는 사람을 돌보는가 하면, 걸프 전쟁이 일어났을 때는 조지 대통령과 후세인 대통령을 찾아가 전쟁을 중지시키도록 호소하기도 하였다.

또한 전쟁이 일어난 지역이 있으면 그곳으로 달려가 부상자를 돌보았다. 몸과 마음에 상처를 입는 사람들을 위해 자기를 희생해 온 마더 테레사는 1949년 받은 노벨 평화상 외에도 수많은 상을 받았다. 그렇지만 테레사의 정신과 활동은 이 세상에 있는 그 어떤 상으로도 평가할 수 없다. 1997년 죽기 전까지 심장병과 말라리아에 걸려 고생하면서도 자선 활동을 멈추지 않았다. 그녀는 성공과 실패를 떠나서 섬김의 리더십을 몸소 실천함으로써 많은 사람들에게 존경을 받고 있다.

우리들의 머릿속에서는 리더와 섬김이라는 단어의 조화가 어색할지도 모른다. 그러나 리더가 구성원들을 향해 머리를 숙일 때 우리는 무한한 감동을 받게 된다. 리더는 다른 사람들 위에 군림하는 사람이 아니다. 언제나 약한 자들과 함께했고, 죄인들과 함께 자신의 능력을 나누었으며, 마지막까지 제자들의 발을 닦아주면서 스스로 섬김의 모습을 보이셨던 예수의 리더십처럼 우리는 섬기는 사람이 되어야 한다.

진정한 리더가 되기를 원한다면 다른 사람을 섬기는 마음부터 갖추어야 한다. 섬김을 실천하는 리더가 더 많은 사람에게 영향을 미친다. 지금 당장 효과가 나타나지 않는다 해도 그 영향력은 무시할 수 없다. 진정한 지도자가 되기 위해서는 섬김을 통해 다른 사람에게 행복함을 나누어 주어야 한다. 지금 저 밖에는 당신의 섬김을 필요로 하는 사람들이 있다. 자, 시작해보자.

| 소통의 리더십

열린 사회의 화두는 단연 소통이다. 지금 우리 시대는 통제에서 개방으로 패러다임이 변화하고 있다. 이렇게 변화한 패러다임은 새로운 리더십을 원한다. 그 중심에 바로 소통의 리더십이 있다. 소통의 리더십의 기본 원칙은 진정성과 투명성으로 명령과 통제를 포기하고 구성원들과의 소통과 공유로 참여와 화합을 이끌어내는 것이다. 소통의 리더는 낙관주의와 협업주의라는 개념을 통해 강력한 역할이 아닌 부드러운 촉매로서 조직의 소통과 성취를 돕는다. 소통의 리더는 리더십이 누구에게나 있는 특성이라 믿으며, 의사결정에 있어 조직 내·외부를 참여시키고 참여를 이끌어 신뢰를 독려한다. 정치·경제·사회·문화 할 것 없이 모든 분야에서 소통은 이미 필요하다.

2008년 미국 대통령 선거 때 버락 오바마의 선거 운동은 소통의 힘을 보여주는 좋은 사례다. 오바마 캠프는 처음부터 소셜을 염두에 두고 전략을 세웠는데, 선거의 마스터플랜을 대중에 공개해 시작부터 마지막까지 소통했다. 심지어는 선거 자금이 어떤 방식으로 사용되는지도 공유했다. 오바마의 인지도가 상대적으로 낮았기 때문에 오바마 캠프는 유권자들에게 인간 오바마를 알리는 게 중요하다고 생각했다. 그래서 트위터·페이스북·마이스페이스 같은 소셜 테크놀로지를 활용해 선거 분위기가 개인적인 공간으로까지 확대될 수 있도록 유도했다. 선거 운동의 핵심 가치는 존중과 겸손이었다. 오바마 캠프는 끊임없이 유권자 개개인들과 소통했으며 선거에서 한 번도 시도하지 않았던 방법으로 유권자들의 마음을 움직였다. 자신의 트위터 프로필 사진을 오바마 얼굴로 올린 사람들이 늘어났고, 어떤 사람들은 오바마 캠프의 웹사이트 주소인 마이버락오바마닷컴MyBarackObama.com을 프로필에 링

크해 모금 운동을 벌이기도 했다. 또 몇몇은 재미있는 UCC 동영상을 만들어 유튜브에 올리기도 했다. 오바마의 캠프는 소셜 테크놀로지라는 소통의 도구를 활용하는 것을 넘어, 그동안 정치에서 소외됐던 사람들을 기꺼이 앞장세움으로써 과거에는 존재하지 않았던 새로운 관계를 만들어냈다. 같은 비전과 목표를 가진 사람들의 광범위한 소통과 참여가 결국 오바마를 당선시킨 것이다.

소통의 리더십의 예는 우리나라에도 있다. 세종대왕이 바로 그 예이다. 세종은 마음을 얻는 것을 리더십의 첫째로 내세웠던 왕이었다. 조선 왕조 500년 동안 27대 왕을 거치면서 세종대왕만큼 훌륭한 업적을 많이 남긴 왕은 드물 것이다. 세종대왕은 정치, 문화, 사회, 과학 등 여러 분야에서 일대 혁신을 일으켜 황금시대를 열었다. 재위 31년 6개월 동안 백성을 어떻게 하면 편하고 잘 살게 하느냐 하는 것을 위한 리더십을 보여주었다.

먼저 세종은 자신부터 다스리는 것을 소통의 기본 단계로 여겼다. 리더의 절제와 희생은 신뢰를 낳는다. 신뢰는 마음을 얻는 것이다. 사적 조직도 그렇지만 공적인 영역에서 지위가 높을수록 그 지위의 기반은 사람들의 마음을 얻는 데 있다. 곧, 정당성과 권위를 확보할 수 있다. 이 사실을 세종은 잘 알고 있었다. 과거에도 군주들과 신하들이 자신의 몸과 마음을 정결하게 반성하고 성찰하면서 내면의 목소리에 귀를 기울이고 공공 직무에 임했는데, 세종은 그 정도가 더욱 강했다. 백성에게 닥치는 좋지 않은 일들과 정책 실패의 원인을 다른데 돌리지 않고, 스스로에게 두면서 책임을 다하는 모습은 신뢰를 주기에 충분했다. 자신의 진정한 마음에 걸리는 일은 하지 않았다. 자신은 물론 자신의 세력을 위해서 정치와 국정 운영을 하지 않았다. 더구나 세종은 자신의 몸에 많은 병이 있음에도 백성을 위한 군주의 업무를 허투로 하지 않았다. 철저한 자기 희생에 바탕을 두고 있었다. 무엇보다 정책 실행과 정책 목표를 달성하는데 이는 매우 중요하게 작용한다. 정책의 결정, 집행자를 믿지 못하면 정책 저항이 일어나 아무리 좋은 정책 방안도 현실에서 실현될 수 없기 때문이다. 자신이 깨끗해야 백성에게 믿음을 주고 국정을 운영할 수 있다는 사실을 세종은 너무 잘 알고 있었다.

다음으로 세종은 백성을 가장 우선시하고 그들과 소통하는 것에 역점을 두었다. 마음이 통하면 만사가 통한다. 무엇보다 세종은 사람과 생명을 우선시했다. 사람을 해치고 생명을 파괴하는 의사결정은 아무리 효율성이 높아도 뒤로 미루었다. 국정 책무에서 부자와 권력자가 아니라 힘없는 사회적 약자들을 우선순위에 두었다. 나라의 구성원들은 대부분 빈곤하고, 힘없는 사람들이다. 부모 없는 어린이는 무조건 살리고 보양하게 하며, 출산 휴가 제도를 마련하고 노인복지제도를 신분에 관계없이 실시했다. 그들을 위한 정책을 1순위에 올렸다. 부자와 기득권을 위한 부역, 세법이나 육기법 등은 폐하게 했다. 여기에서 중요한 것은 사람들은 자신들을 위한 리더인지 아닌지를 즉각적으로 안다는 점이다. 만약 그 심성이 불순하다면, 즉각 사람들은 마음을 거둔다. 세종은 자신의 진정성을 유지하려 노력했고, 솔직하게 밝히고 이해를 구했다. 은폐하고 숨기면 스스로 고통스러워했다. 진실하지 않으면 백성은 물론 하늘이 벌을 내린다고 여겼다. 하늘이 곧 백성이니 당연하게 받아들였던 것이다. 공권력과 군사의 뒤에 숨지 않고 세종은 마음을 얻기 위해 끊임없이 귀를 열고 들으려고 했다. 이 가운데 사람들의 입을 열어두게 하고 토론과 대화, 여론 수렴이 끊임없이 이루어지도록 했다. 그렇지 않으면 죄를 짓는 것으로 여겨 괴로워하기도 했고, 아예 곡기를 끊고 근신에 들어가면서 오래도록 스스로 회개했다. 그것이 세종의 일상이었다.

리더에게 가장 중요한 것은 능력이나 카리스마, 조직 장악력, 비전, 목표 달성력, 네트워크 능력이 아니라는 점을 세종을 통해 알 수 있다. 세종에게는 사람의 마음을 얻는 것이 제일 중요했다. 그것은 인위적으로 몇 가지 보상과 유인책으로 얻어지는 것이 아니다. 끊임없는 대화와 노력으로 소통하려고 할 때 그들의 마음을 얻을 수가 있는 것이다. 이것이 바로 소통의 리더십이다. 소통의 리더십을 통해 자신을 절제하고 자신의 이익이 아니라 공공의 이익을 위해서 마음을 다하는 리더가 성공한다는 사실을 세종이 보여준다.

| 통섭 리더십

반기문 UN사무총장은 어릴 때부터 공부에 대한 열정이 차고도 넘쳤다고 한다. 새로운 지식을 추구하는 지적 호기심이 높아 밤새워 책을 읽었고 영어 단어를 10번이고 20번이고 완전히 외울 때까지 암기하는 끈기를 발휘하기도 했다. 그는 중학교 시절 영어에 미쳤고 고등학교 때부터 외교관의 꿈을 키워 나갔다.

서울대학교 외교학과에 입학하면서 그 꿈은 더욱 구체화되었으며 졸업과 동시에 외무고시 3기에 차석으로 합격했다. 그의 근면하고 성실한 성품은, 스스로를 일이 주어지기 전에 알아서 먼저 하는 솔선수범형 인간으로 변모시켰고, 이는 인사고과에서 높은 평가를 받아 초고속 승진을 거듭해 '외교부의 전설(傳說)'이 되었다. 이어 대한민국 외교통상부 장관을 거쳐 운명처럼 유엔 사무총장으로 당선되기에 이른다.

반기문 사무총장은 청소년 때부터 적십자에서 봉사활동을 하며 남을 섬기는 태도가 몸에 배어 있었다. 그는 외교통상부 장관 시절에도 고아원 및 장애인 자활원 등을 방문해 봉사를 하곤 했는데, 모두가 가장 꺼리는 목욕 봉사를 자원, 하루 종일 전혀 싫은 내색 없이 웃는 얼굴로 마쳤다는 일화는 특히 유명하다.

이처럼 청소년 시절부터 몸에 밴 남을 배려하고 공감하고 이해하고 사랑으로 포용하는 섬김의 리더십이라는 브랜드 파워는 그를 국제분쟁을 중재하는 기관인 UN의 사무총장이 되게 만들었다. 또 그 역할도 훌륭하게 소화해 낼 수 있도록 했으며, 이를 지켜본 세계인들은 다시 한 번 그 자리를 내주었다.

반 사무총장의 리더십은 타인에 대한 존중을 바탕으로 타인의 욕구를 충족시키고 공공의 이익을 위해 매진할 수 있도록 영향력을 발휘하는 '통섭'의 힘으로 규정할 수 있다. 사람은 누구나 존경받고 인정받고 사랑받고 싶어 한다. 하지만 타인을 존중하고 사랑을 베풂으로써 통섭Consilience하는 것은 그리 쉬운 일이 아니다. 또 사람이 다른 사람들의 지지와 도움을 얻는 사회적 영향의 과정이 리더십이라고 할 때, 그 리더십은 선천적으로 타고나는 것이 아니다. 교육과 훈련으로 충분히 계발할 수 있는 것이다. 그렇기에 통섭의 리더십 또한 교육과 훈련으로 계발할 수 있다.

그렇다면 어떻게 해야 모든 사람을 통합하고 포용할 수 있는 통섭의 리더십을 발휘할 수 있을까?

첫째, 타인을 이해와 협상으로 감싸 안으며 공감적 경청을 해야 한다. 사람은 누구나 자기중심적으로 생각하고 판단한다. 지구 저 편에서 일어나는 대학살이나 기근보다 내 눈에 들어간 티끌 하나가 더 고통스러운 법이다. 타인의 아픔을 공유하고 공감적으로 경청하는 리더만이 구성원들의 마음을 움직여 한 방향으로 나갈 수 있다.

둘째, 모든 구성원을 포용하는 넓은 마음을 가져야 한다. 어느 구성원이든 어떤 상황에서든 어느 곳에서나 갈등은 존재한다. 아무리 완벽한 구성원이라 할지라도 갈등은 존재하는 법이다. 더불어 나에게 거침없이 독설을 퍼붓고 비판, 비난을 가하는 반대자가 존재하기 마련이다. 사사건건 아무런 이유 없이 저항하는 세력들도 존재한다. 하지만 이런 모든 것을 포용하는 넓은 마음을 가져야 한다는 것을 기억해야 한다.

셋째, 봉사와 희생이 전제돼야 한다. 통섭 리더십의 권위는 봉사와 희생에 근거한다 할 수 있다. 영향력과 권위가 때로는 타인에 대한 봉사와 희생으로부터 형성된다는 것을 이해해야 한다. 우리가 남을 위해 봉사하거나 희생하는 순간 권위를 형성한다는 것임을 간과하는 사람들이 많다. 타인을 이해하고 협상하고 포용하고 사랑하는 리더십은 21세기 리더가 갖추어야 할 최고의 덕목이다. 사물은 관리하는 것이지만 사람은 리드하는 것이다. 사람을 감동시켜 움직이고자 한다면 이제부터 통섭의 리더십을 발휘하라. 반기문 사무총장처럼 말이다.

| 스마트 리더십

우리는 누구를 막론하고 태어날 때부터 이 세상을 등질 때까지 존경받기를 원한다. 그러면서 "현재의 자리에서 묵묵히 기다리고 있으면 언젠가는 기회가 오겠지."라고 막연하게 기대를 한다. 그러나 분초를 다투는 스마트혁명사회에서 우연한 성공이란 없다. 성공은 자기 자신을 초월할 때 비로소 가능하다. 그러기 위해서는 반드시 스마트 소통적 사고가 필요하다. 왜냐하면, 우리는 타인과 다양한 관계 속에서 하루를 시작하고 마무리하기 때문이다. 그리고 이때 근저를 이루는 것은 다름 아닌 스마트 소통을 통한 일상이다.

그렇다면 지금 이 순간해야 할 일은 무엇인가? 우선, 자신의 열악한 환경과 생각에서 벗어나야 한다. 그러기 위해서는 스마트사회에 걸맞지 않는 실패의 요인들을 과감하게 삭제하고 새로운 창의적 데이터로 자신의 인생을 업그레이드시켜야 한다. 이때 필요한 필수사항이 바로 '스마트 사고'와 '스마트 소통의 힘'이다.

스마트 폰의 혁명시대, 인터넷, 페이스북Facebook, 트위터Twitter, 요즘yozm, 미투2데이me2day, 블로그 등의 SNS 기능을 적재적소에 올바르게 사용하는 것은 이제 모든 사람들의 필수 사항이 되었으며 이는 '스마트 소통(疏通)' 능력과도 직결된다 할 수 있겠다. 그렇다면 어떻게 해야 스마트 소통을 잘 활용하여 생산성 및 핵심역량을 높이고, 또 구성원들에게 동기를 부여하며 구성원의 분위기를 감성적으로 이끌 수 있는 것일까?

첫째, 스마트 소통의 소셜네트워크서비스Social Network Service. SNS 기능을 올바르게 활용하여 자신들의 일상을 가감 없이 스스로 전달하는 것이다. 어떤 생각을 하고 있고 어떤 감정 상태에 있는지 그리고 어디에서 누구를 만났고 어떤 이야기를 했으며 어떤 결과로 이어졌는지에 대해 일상적인 사소한 것까지 이야기하는 것이다. 이를 통해 구성원들과 이질감이 아닌 하나의 동질감을 느끼며 더욱 신뢰할 수 있게 된다.

둘째, 스마트 소통의 기능을 활용하여 동기부여를 할 수 있다. 1일(日) 1찬(贊), 하루에 한 가지 칭찬을 말하기, 생각나누기 등 노트를 만들어 모든 구성원들에게 발송하는 것도 좋은 방법이다. 인생에 있어서 도움이 되고 귀감이 될 수 있는 모든 내용을 훈훈하면서도 감동을 선사할 수 있는 글을 소개하는 것도 하나의 방법이 될 수 있다.

셋째, 스마트 소통을 활용하여 정책 등에 활용하는 것도 하나의 방법이다. 옛 속담에 "백지장도 맞들면 낫다"는 말이 있다. 쉬운 일이라도 협력하여 하면 훨씬 쉽다는 말이다. 한 사람의 아이디어에는 한계가 있는 법이다. 하지만 다양한 사람의 창의적 아이디어가 모이면 무한한 에너지를 발휘한다. 한 가지 주제나 아이디어를 놓고 "여러분은 어떻게 생각하십니까?"라는 질문을 던진다면 전 구성원의 아이디어나 의견을 수렴할 수 있게 되는 것이다. SNS 기능을 활용하여 스마트 소통을 한다면 빠르게 변화하고 치열한 생존의 사투를 벌어야 하는 현장에서 남들보다 우월한 지위를 선점할 수 있을 것이다.

우리는 이 순간 우리 자신의 스마트한 모습을 발견할 것이며, 더불어 사람의 마음을 움직이고 세상을 바꾸는 원동력을 갖게 됨으로써 새로운 삶을 살 수 있을 것이다. 그것이 스마트 혁명시대에 진정 마음과 마음이 통하는 스마트 소통의 힘을 발휘하는 길이다.

스마트 사고는, 성공으로 가기 위해 필요한 다양한 이야기들을 실천할 수 있고 공감할 수 있는 가장 보편적인 내용을 담고 있으며, 변화와 스마트혁명을 꿈꾸는 사람들에게 시대정신을 뛰어넘은 스마트 소통으로써 촉매제 역할을 하게 될 것이다.

03.

리더와
비전

비전이 있어야
인생이 행복하다

지금 어떤 생각을 가지고 인생을 살아가고 있는가? 비전을 갖지 못하면 우리의 삶은 막연히 남을 모방하는 삶을 살든지, 어쩔 수 없어서 삶을 살게 된다. 그러나 비전을 가지면 우리의 인생은 목적이 있기 때문에 즐거울 수밖에 없다. 지금 하고 있는 일 차제에 목적을 두지 말고, 일을 통해 어떤 목적을 달성하려는 비전을 세워보면 어떨까?

비전이 없다는 것은 우리의 인생이 죽은 것과 다를 바가 없다. 비전이 있으면 정확한 목표가 있기 때문에 목표를 달성하는 일이 고되고 힘들어도 즐겁다. 그러나 비전이 없으면 하는 일에 목표가 없으므로 재미가 없다. 또한 억지로 해야 한다는 수동적인 자세로 일을 대하기 때문에 성과도 없다. 결국 비전이 없으면 우리의 인생은 즐겁지 못하지만, 비전이 있으면 자신의 꿈을 실현하기 위해서 살아가기 때문에 우리의 인생은 행복해진다.

미국의 샌프란시스코에 있는 리츠칼튼 호텔에서 있었던 일이다. 리츠칼튼 호텔에서 근무하는 사람들이 매우 많았는데 그 중에서 방을 청소하는 역할을 담당한 버지니아 아주엘라라는 여성 직원이 있었다. 대부분의 사람들은 그녀를 궂은 일이나 하는 청소부라고 무시했지만 그녀는 자신의 일이 손님들에게 깨끗한 환경을 제공하여 기쁨을 주는 서비스를 제공하는 일이라고 생각하고 즐거워하였다. 그는 자기 일에 긍정적인 생각을 가지고 손님들에게 자신만의 독특한 방법으로 감동을 주자는 비전을 가지게 되었다. 그래서 그녀는 자신의 서비스한 객실의 고객들에 대한 특성과 습관을 일목요연하게 정리하여 두고 그 고객이 다시 호텔에 방문하였을 때 취향에 맞는 객실 서비스를 제공하여 고객들에게 감동을 선사하였다. 후에 그녀는 호텔 종사원에게 주어지는 가장 영예로운 상을 수상하게 되었다.

만약 그녀가 남들이 생각하는 데로 궂은 일이나 하는 청소부라고 자신을 창피하게 생각하거나 쑥스러워했다면 그는 평생을 힘든 청소부 일만 해나갔을 것이다. 그리고 자신의 어려운 인생을 비관만하면서 살아갔을 것이다. 그러나 그녀는 똑 같은 청소부 일이었지만 손님을 즐겁게 하는 것이 가치있는 일이라고 생각하고 손님들을 즐겁게 해야겠다는 비전을 가졌다. 비전을 가지고 청소를 하니 일자체가 그녀에게 행복을 가져다주었다. 뿐만 아니라 비전을 가지게 됨에 따라 구체적인 전략을 갖고 손님들에게 감동을 줄 수 있는 방법을 실천함으로 가장 영예로운 상도 받을 수 있었다.

이처럼 버지니아 아주엘라는 남들이 생각하기에 보잘것없는 직업을 가지고 있었지만 비전을 가지고 있었기 때문에 남들보다 행복한 삶을 살 수 있다는 것을 보여준 사례다.

당신은 비전이 주는 행복을 느껴 보았는가? 아직 비전이 주는 행복을 느껴보지 못했다면 비전을 가져보라. 내일 아침이 유난히 찬란해 보일 것이다.

비전 없는 사람이
가장 불쌍한 사람이다

미국에서 태어난 헬렌켈러는 세상에 태어난 지 9개월 만에 큰 병을 앓아 시력을 잃었고, 귀로는 들을 수 없게 되었으며, 입으로는 말도 할 수 없는 '삼중고'의 가련한 장애인이 되었다. 그는 모든 장애를 다가지고 있으면서도 하버드 대학을 졸업하였으며 유명한 저서까지 남겼다. 헬렌 켈러는 자신의 불행에 좌절하지 않고 불가능을 극복하여 장애인들에게 성공의 상징으로 큰 힘과 용기를 주었다. TIME지는 헬렌켈러를 20세기의 위대한 100명의 인물에 선정하기도 하였다. 헬렌켈러는 "가장 불쌍한 사람은 시력은 있지만 비전이 없는 사람"이라고 말했다. 이는 꿈이 없는 사람은 시력을 잃은 것보다 불쌍하고, 말을 못하는 것보다 불쌍하고, 듣지 못하는 것보다 불쌍하다는 것을 의미한다. 반대로 장애를 가졌더라도 비전만 있으면 행복하다는 것을 의미한다.

비전이 있는 사람과 비전이 없는 사람은 간단한 구분이지만 실제로는 엄청난 차이를 가져온다. 영국의 수상이었던 마거릿 대처는 영국을 다시 한번 세계최고의 나라로 만들어야겠다는 비전을 가졌다.

19세기에 "사상 최고 최대의 제국"을 자랑했던 영국의 국세는 세계대전 이후 쭉 내리막길을 걸었다. 1970년대에 들면서는 영국은 경제적으로 어려워지기 시작하였고, 세금은 많고, 일자리는 없는 "영국병"을 낳으며 심각한 회의의 대상이 되었다. 영국 경제는 실질성장률 마이너스, 실업률 4~6퍼센트, 인플레이션 15퍼센트라는 지표를 보였으며 새로 기업을 창업하려는 사람들의 의지를 꺾는 복잡한 정부규제와 무거운 세금, 걸핏하면 벌어지는 노동조합의 투쟁으로 사회 전반에 걸쳐 영국은 희망이 없는 나라로 추락하고 있었다. 이런 암울한 상황을 극복하려면 뭔가 새로운 "대안"이 필요하다는 인식이 팽배했다. 그리고 그런 새로운 대안은, 정책에서뿐 아니라 영국을 이끌 새로운 리더가 필요했다.

마거릿 대처는 희망을 잃어가던 영국을 외교와 안보에서 국방력을 강화하고 영국의 세계적 지위를 회복한다는 기치를 내걸었다. 여성 정치인에게 보수적이었던 영국에서 보수당 최초의 여성 당수에 이어 영국 최초의 여성 수상이 되었다. 서구 국가들 중에서 최초의 민선 여성

최고통치자이기도 했다.

여성 수상이었기 때문에 여느 수상보다 훨씬 많은 주목을 받았고, 영국을 넘어 세계적으로도 이름난 정치인이 되었지만 정계에서는 입지가 튼튼하지 않았다. 아직도 정치는 남성의 영역이라고 보는 의원들, "많이 키워줬더니" 그녀가 배신했다며 이를 갈던 보수당 원로들은 꼬투리만 잡았다 하면 물고 늘어졌다. 심지어 그녀의 각료들까지도 그녀를 수상으로 대접하지 않았다. 하지만 "철의 여인"은 조금도 위축되지 않았으며, 강한 영국을 만들겠다는 그의 비전에 대들 정치인은 사실상 없어져 버렸다.

아르헨티나 근해의 영국령 포클랜드 섬을 아르헨티나가 무력 점령하자, 대처는 외교적 타협을 권하는 내외의 목소리를 일축하고 해군 기동부대를 파견했다. 결과는 두 달 만에 아르헨티나가 손을 드는 것으로 끝났고, 대처는 "대영제국의 영광이 되살아났다"며 한껏 기뻐했다. 이는 사실 그녀가 국방력 강화를 말하면서도 정작 국방비는 대폭 감축해 버린 후에 벌어진 사건으로, 위험천만한 일이었으나 대처와 영국에게는 결과가 좋게 끝난 것이었다.

정치인으로서 대처는 여느 영국 정치인들과 다르게 유머감각이라고는 없었고, 말도 거창하고 화려한 표현을 쓰지 않고 필요한 말만 했다. 그래도 두각을 나타낼 수 있었던 것은 역으로 "필요한 말만 하는" 점, 과학도답게 연설에서 반드시 통계수치와 계량적 지표 등을 내세우며 듣는 이의 신뢰감을 높인 점, 그리고 무엇보다 여성이면서도 당차고, 열정적이고, 강철 같은 비전을 내보인 점에서 찾을 수 있다.

비전을 가져야 리더가 될 수 있다

성공은 우연히 찾아오는 것이 아니라 준비하는 사람의 것이라는 말이 있다. 성공을 기대도 하지 않았는데 찾아오는 법은 없다는 말이다. 성공을 기대하지 않는 사람에게는 성공의 기회가 찾아와도 성공인지를 모르고 지나가는 경우가 대부분이다. 따라서 정확한 비전을 가지고 있어야 성공할 수 있다.

일본인들이 많이 기르는 관상어 중에 '코이KOI'라는 관상용 잉어가 있다. 이 잉어를 작은 어항에 넣어 두면 5~8센티미터밖에 자라지 않지만, 아주 커다란 수족관이나 연못에 넣어 두면 15~25센티미터까지 자란다고 한다. 그러나 강물에 방류하면 90~120센티미터까지 성장한다고 한다. 놀랄 만큼 성장할 수 있는 코이가 어항 속에서는 조무래기가 되는 이유는 코이가 어떤 환경이든 쉽게 스스로 적응해버리기 때문이다. 익숙해진다는 것은 이렇게 무서운 것이다. '코이'는 자기가 숨쉬고 활동하는 세계의 크기에 따라 조무래기가 될 수도 있고 대어가 되기도 하는 것이다. 비전이란 '코이'라는 물고기가 처한 환경과도 같지 않을까? 더 큰 비전을 꿈꾸면 더 크게 자랄 수 있다. 성공하는 삶 역시 항상 커다란 비전과 함께 시작된다. 코이의 크기를 결정하는 것은 비록 환경이지만 어떠한 환경을 선택할 것인가 하는 것, 즉 우리 스스로를 어항에 머물도록 할 것인지 커다란 강으로 인도할 것인지 결정하는 것은 바로 우리 자신이기 때문이다.

그러나 어떻게 생각하면 이 '비전을 찾는다는 것'은 정말 쉬운 일이 아니다. 비전과 목표라는 것은 누군가 나에게 쥐어주는 것일 수도 있고, 스스로 세울 수도 있다. 한번도 비전을 어떻게 찾아야 하는지를 배워본 적이 없는 사람에게는 비전을 달성하는 것 이상으로, 자신의 비전을 찾는 방법을 아는 것은 쉽지 않다는 것이다. 그 이유는 자신의 마음속 깊이 인정하지 않은 비전과 목표의 경우 달성하기도 쉽지 않을 뿐더러, 달성한다고 해도 행복하지 못하기 때문이다. 비전을 좀 더 쉽게 찾기 위해서는 다음과 같은 방법을 권하고 싶다.

성공하기 위한 개인과 조직의 비전은 현실적이어야 한다. 희망적인 단어들의 나열이라면 현실과 동떨어질 수밖에 없다. 성공하기 위해서는 자신이나 조직의 현실을 정확히 인식하고 미래에 대한 변화방향을 인식하고 비전을 수립하는 것은 매우 중요하다. 예를 들면 "나는 무엇이 되는 것이 좋을까?" "나의 적성에는 어떤 일이 가장 맞을 것인가?" "내가 가장 잘 알고 싶게 접근할 수 있는 일은 무엇일까?" "지금 하는 일에 대하여 좀 더 폭 넓은 지식을 얻기 위해서는 어떻게 해야 할까?" "지금하는 일과 어떤 일을 병행하면 더욱 효과적일까?" "미래에는 어떤 일을 하면 좋을까?" 등에 대한 충분한 사고를 통하여 자신에게 맞는 비전을 세워야 한다.

성공하기 위하여 비전을 세웠다면 그 비전을 달성하기 위하여 어떤 종류의 노력이 얼마만큼 필요한가라는 정확한 목표를 세워야 한다. 정확한 목표에 부합하는 구성 요인들을 계획하고 분석하면 그만큼 목표를 잘 달성할 수 있다. 따라서 정확한 목표를 설정하기 위해서는 "내가 행동을 취했을 때 나타나는 결과가 무엇인가?" "목표를 달성했을 때의 성과는 구체적으로 어떻게 될 것인가?" "목표 달성에 대한 구체적인 날짜와 시간은 어느 정도 필요한가?" "목표 달성에 대한 재정, 인적자원, 물적 자원은 어느 정도 필요한가?" "목표 달성을 위해 투여한 자원들에 비하여 얻은 것은 얼마나 되는가?"에 대하여 고려되어야 한다.

비전이 커야 성공도 크다

비전의 크기를 잡는 것은 우리의 마음이다. 비전을 크게 잡을 수도 있고, 작게 잡을 수 있다. 일부의 사람들은 자신이 처음 시작하는 시점에서는 꿈을 작게 잡는 경우가 많다. 그러나 옛말에 "호랑이를 그리려다 못 그리면 고양이를 그리고 고양이를 그리려고 하면 아무것도 못 그린다."라는 속담이 있다. 이는 꿈을 크게 그리면 비전을 다 실행하지 못하여도 상당히 성공에 가까이 가나 비전이 작으면 결국 실패할 확률이 높다는 것을 의미한다.

비전을 설정하기 위하여 투여해야 하는 노력은 큰 비전이나 작은 비전이나 같다. 따라서 이왕 같은 노력을 들일 바에는 꿈은 크게 그려보자. 역사 속에는 커다란 비전을 가짐으로 인하여 자신의 성공은 물론 세계를 변화시킨 인물들이 많다. 그 중에서도 칭기즈 칸만큼 커다란 꿈을 그리고 이를 실현시킨 사람은 많지 않다.

칭기즈 칸은 워싱턴포스트지에서 "세계를 움직인 가장 역사적인 인물" 중 첫 번째 자리로 뽑히면서 역사 속에 새롭게 등장하였다. 그는 혹독한 역경을 딛고 일어서서 개방적이면서도 카리스마가 넘치는 리더십을 가지고 세계를 지배하였으며 그가 세운 세계 정벌 기록은 누구도 깨기 어렵다. 그래서 그런지 칭기즈 칸을 주인공으로 하는 TV프로그램이나 서적이 등장하면서 칭기즈 칸의 리더십에 대하여 관심을 가지는 사람들이 늘어가고 있다.

칭기즈 칸의 성공은 그냥 이루어진 것이 아니다. 수많은 역경과 고난 속에서도 그는 준비된 리더였다. 그는 개방적 사고로 능력만 있으면 노예나 외국인을 가리지 않고 중용하였다. 성과가 있는 장병에게는 똑같이 상을 나누어 주었다. 황제였지만 왕궁을 짓지 않고 천막에서 비단 옷을 입지 않고 백성들과 같은 생활을 하였다. 국민들에게 아버지와 형으로서 나라를 통치하였다. 가족이나 삼촌들도 법을 어기면 엄격하게 법을 적용하였으며, 항복하는 나라는 우방이 되었으나 저항하는 나라에게는 잔혹한 정벌자가 되었다.

그러나 이러한 리더십보다 칭기스칸을 더욱 빛나게 한 것은 커다란 비전을 소유하였다는 것이다. 칭기즈 칸은 일찍이 과거에도 없었고 누구도 가능하리라고 생각하지 않았던 것을 가능하게 만든 대단한 비전을 소유하였다. 자신의 목표를 공동의 목표로 만들어 목표가 달성되기가 무섭게 곧 다음의 새로운 공동목표를 만들어 쉬지 않고 달리도록 그의 부족을 이끌어 갔다. 그리고 그 비전은 나라를 만드는 것, 주변국가로부터의 위협을 없애는 것, 아예 중원을 경영하는 것, 나아가 천하를 통일하는 것, 그리고 그 천하는 중국 땅을 넘어 사람이 살고 있는 모든 땅으로 계속 커져만 갔고 그 꿈들을 하나씩 하나씩 실현시켜 나갔다.

칭기즈 칸은 자신의 꿈을 실현시키기 위하여 병사들과 백성들에게 멀티 플레이어가 되어야 적은 인원으로 멀리 있는 큰 나라들을 정벌할 수 있다는 것을 가르쳤다. 그래서 빠른 속도를 낼 수 있는 기마병 위주로 군을 편성하고 멀티 플레이어 장병들을 육성하여 세계 정벌의 꿈을 이룬 것이다. 국민들은 불가능하다고 생각한 세계 정벌을 칭기즈 칸의 리더십으로 인하여 가능하다는 것으로 인식이 바뀐 것이다. 칭기즈 칸의 성공 비결은 자신이 세운 커다란 비전을 공유함으로 인하여 국민들에게 희망을 주었기 때문이다. 그의 리더십은 오늘날 우리에게 필요한 리더십이라 할 수 있다.

만약 칭기즈 칸이 유목민의 아들로서 목동으로 크겠다는 비전을 가졌다면 그는 목동으로 성공하였을 것이다. 그러나 그의 비전은 세계를 정복하겠다는 커다란 비전을 가졌기 때문에 세상을 정복하여 세계 역사상 가장 위대한 정복자가 되었다.

비전을 가지고 있는 사람은 그 비전을 이루기 위한 출발을 해야 하는데, 그 비전을 성취하기 위한 출발점은 항상 현재이다. 인생의 최종목적을 확정한 사람은 현실로 돌아와서 현재의 상황을 분석하고 새로운 출발을 해야 한다. 비전이 크면 클수록 현실에 더욱 충실해야 한다. 현실적으로는 게으르고 나태하면서 "무언가 큰일을 이룰 수 있겠지?"라고 생각하는 사람은 비전을 가진 사람이 아니라 망상에 사로잡혀 있는 사람이 되기 쉽다.

비전은 포기하지만 않으면
꼭 실현된다

비전을 세워서 포기하지만 않으면 꿈은 꼭 실현될 수 있다. 비전이 있기 때문에 인생의 목표가 생기고 그 목표를 향해서 도전하면 결과는 비전을 실현시키게 된다는 것이다. 에스티 로더는 어릴 때부터 여성들에게 여성들을 아름답게 만들어야 겠다는 비전을 세우고 그 비전을 실천하여 결국 오늘날과 같은 세계적인 화장품의 대명사인 '에스티 로더'라는 회사를 만들었고, 이 회사에서 나온 수많은 화장품으로 인해 세계 여성들의 희망을 이루어주고 있다.

에스티 로더는 미국의 세계적인 화장품 기업 '에스티 로더'의 창업주로 '세계 화장품 업계의 거장', '세일즈의 귀재'로 불린다. 에스티 로더는 미국 퀸즈Queens에서 8자매 중 6번째로 태어났다. 어릴 때부터 친구들에게 화장해 주는 것을 좋아하면서 평생 사람들을 아름답게 만들어야 겟다는 비전을 갖게 되었다. 에스티 로더는 어릴 때 피부과 의사였던 삼촌이 개발한 화장품을 보면서 화장품을 만들어야겠다는 비전을 세웠다. 에스티 로더는 삼촌에게 자신의 비전을 말하고 화장품 제조 지식을 전수받아 함께 만든 클렌징 제품을 시작으로 집에 작은 연구실을 만들고 본격적으로 화장품을 만들기 시작했다.

에스티 로더는 평소 단골이었던 미용실의 작은 코너에서 직접 만든 화장품을 판매하기 시작했다. 에스티 로더는 뷰티 살롱 손님들 얼굴에 직접 자신이 만든 화장품을 발라주었고, 우수한 제품력과 적극적인 마케팅으로 사업이 번창하기 시작했다. 그녀는 유대계 본명인 조세핀 에스터 로터를 부르기 쉽고 기억하기도 쉬운 에스티 로더로 개명한 후 브랜드 이름 또한 자신의 이름과 똑같이 에스티 로더로 확정했다.

제2차 세계대전이 끝나자 에스티 로더의 제품은 뉴욕의 많은 미용실에서 인기를 끌었다. 이에 에스티 로더는 본격적으로 남편과 함께 뉴욕 맨해튼에 사무실을 열고, 1946년 '에스티 로더 코스메틱스'라는 이름의 회사를 설립했다. 이후 수많은 화장품을 개발하여 세상의 여성들에게 예뻐지고 싶은 욕망을 자극시켰다.

에스티 로더는 "아름다운 여성이란 항상 건강하고 윤기 있는, 자연스러운 피부를 가지고 있어야 한다. 건강이란 육체적 건강과 정신적 건강 모두를 말한다."라고 주장하였다. 또한 에스티 로더는 단순히 아름다워지는 것이 아니라, 아름다움을 유지할 수 있다는 것을 여성들에게 보여주고 싶어 했다. 에스티 로더는 아름다움이란 건강한 피부에서 시작한다는 철학을 실천하기 위해 R&D 투자에 주력을 다하고 있다. 이처럼 여성의 건강과 피부를 동시에 말하는 에스티 로더의 철학처럼 에스티 로더 브랜드는 '피부에 관한 기초 과학'을 지향하고 있다.

뿐만아니라 에스티 로더의 며느리, 에블린 로더는 수익의 일부를 여성들에게 돌려주기 위해서 유방암 예방 및 치료법 개발을 위해 비영리 재단인 유방암 연구 재단을 설립했다. 연구재단에서는 지난 20여 년간 전 세계 70여 개국에서 진행되는 유방암 의식 향상 캠페인을 통해 530억 원(4천 8백만 달러) 이상을 유방암 연구 및 의료 서비스를 위해 지원하며 사회 환원에 힘쓰고 있다.

사람들은 자신 처한 현실을 부정적으로 보는 경우가 있다. 그래서 사신의 처지가 자신의 비전을 세우는데 단점으로 작용한다고 생각한다. 스스로 비전을 세우는 것을 두려워해서 포기하기도 한다. 그러나 비전을 세우는 데는 연령과 성별에 따라 차이가 있지 않다. 즉 비전은 누구든 세울 수 있다는 것이다. 다만 비전을 설정하였다고 해서 꼭 성공하는 것은 아니지만 비전을 갖고 꾸준히 도전한다면 언제든 이루어질 수 있는 것이 비전이기도 하다.

어려움을 두려워하지 말라

요즘 젊은이들에게 꿈이 무어냐고 물어보면 꿈이 없거나 깊게 생각해 본적이 없다는 대답을 자주 듣는다. 꿈이 없는 사람이 많은 사회나 국가는 희망이 없다. 결국 한국 사회가 건강해지려면 젊은이들이 꿈을 가져야 한다. 그러나 비전 없이, 아무 생각 없이 잘 살고 있는 사람들에게 비전을 가지라면 두려워한다. 비전을 가져보지 않았기 때문에, 또는 비전을 갖기 위하여 어떻게 해야 할지 몰라서 당황하는 어색함도 있다. 자신에 대한 부정적인 생각이 자신을 가로막기 때문이다.

비전을 세우는 것은 무료다. 돈이 들지 않는다. 다만 최소한의 시간이 들 뿐이다. 자기 자신을 콘트롤하여 원하는 것을 도출해 내고자 하는 마인드콘트롤mind-control이라는 말이 있다. 자신을 믿고 자신을 긍정적으로 생각한다면 무엇이든지 할 수 있다는 생각을 가질 수 있다. 그러면 자연적으로 비전이 생기고 그것을 실현하면서 도전의식이 생겨 성공에 이르게 된다.

그러나 일반적인 사람들은 살면서 큰 비전을 갖지 않았기에 평범한 삶을 살고 있기에 비전을 세우기보다는 하루하루 만족하는 생활을 하고 있다. 그러다 보니 큰 비전이 필요없는 것이다. 때로는 비전을 세웠다가 현실적인 문제나 자신의 나태함으로 인하여 중도에 포기하는 경우도 있다. 이러한 경험은 다시 비전을 세우는 것에 대하여 불편한 생각을 가질 수밖에 없다. 그러나 "인생을 즐겁게 살기 위해서는 아무 일 없는 평온한 삶의 연속이기보다는 적당한 긴장감을 가지고 사는 것이 좋다."라는 말이 있다. 따라서 자신이 실천할 수 있는 적당한 비전은 자신의 정신과 생활을 건강하게 하는 힘이 된다.

그러나 평탄한 삶을 사는 사람들보다는 대부분의 사람들은 세상을 살다보면 숱한 고난과 어려움을 겪게 되고 내 의지와 상관없는 불행의 도전을 받아야 한다. 어느 누구도 그러한 삶을 기대하지 않는다. 따라서 이러한 삶을 줄이기 위해서도 비전을 세워야 한다. 비전을 세우는 것이 세우지 않는 것보다 성공에 이르는 확률이 높다면, 더욱이 전혀 비용이 들지 않는데 비전은 크게 가져보면 어떨까?

하수와 고수가 바둑을 둔다고 가정해 보자. 하수는 무조건 진다는 생각을 가지고 시작하나 고수는 어떤 일이 있어도 이길 수 있다는 생각으로 바둑을 둔다. 바둑을 둘 때도 하수가 아무리 고민을 하고 나름대로 신중하게 돌을 놓아도 고수의 눈에는 이길 수 없는 수일 수 있다.

그러나 그 하수가 포기하지 않고 계속 정진한다면 분명히 고수가 될 것이다. 하지만, 히수는 그것이 대단히 힘든 일이고 엄청난 인내를 자신에게 요구한다고 생각하여 포기하는 경우가 많다. 그러나 고수들은 자기의 꿈을 끝까지 버리지 않고 도전한다면 달성할 수 있다고 말한다.

이처럼 성공한 사람들은 불가능해 보이는 일들을 충분히 이룰 수 있는 일로 판단하는 경우가 종종 있다. 이는 평범한 사람들과는 세상을 보는 다른 안목과 접근 방식을 가지고 있기 때문이다. 콜럼부스가 달걀을 세운 것처럼, 정주영 회장의 물막이처럼 다른 사람들이 어려워하는 것들을 성공한 사람들은 아주 간단하게 이루어내고 있다. 그러나 성공한 사람들은 로또에 당첨되듯 바로 만들어지는 게 아니라 오랜 기간 동안 고생하며 준비를 해 왔다는 것을 알아야 한다.

여러분 비전을 세우는 것에는 두려워하지 말라. 비전은 공짜다. 단지 실천하느냐 실천하지 않느냐의 차이가 성공을 말해 줄 뿐이다.

긍정의 힘이 비전을 실현한다

어떤 사람은 99개를 가지고 있으면서도 한 개가 부족하다고 생각한다. 그러나 어떤 사람은 한 개만 가지고 있으면서도 그것이 없는 것보다 낫다고 생각한다.

탈무드에 이런 말이 있다. 아버지가 아들에게 말했다. "사람의 마음에는 두 마리의 늑대가 있단다. 하나는 긍정적인 생각을 하고 행동을 하게 하는 늑대이고, 하나는 부정적인 생각을 하고 행동을 하게하는 늑대란다." 그 말에 아들이 아버지에게 물었다. "그럼 결국에는 누가 이겨요?" 아버지의 대답은 "니가 먹이를 주는 쪽이 이긴다." 결국 우리는 긍정적인 생각을 하면 긍정적인 행동으로 이루어지고, 부정적인 생각을 하면 부정적인 행동이 이루어진다는 것을 말한다.

머피의 법칙이라는 노래가 있다. 머피의 법칙이란 노래는 그룹 'DJ 덕'이 노래제목으로 사용한 것이다. 머피의 법칙은 "나쁜 일이 일어나는 사람에게는 계속 부정적인 일들만 생긴다."라는 것으로 알려져 있다. 머피의 법칙을 사회생활이나 인생살이에 적용하면, 사실은 맞는 경우보다 맞지 않는 경우가 많지만 사람이 부정적인 사고방식에 사로잡히면 얼마든지 머피 법칙이 적용될 수 있다. 하지만 역으로 이 법칙을 반대로 긍정적인 방향으로 생각한다면 좋은 일만 일어날 것이라고 생각하면 계속 좋은 일이 일어난다는 말과 같은 의미이다.

결국 부정정인 생각을 하면 부정적인 머피의 법칙이 적용되나 긍정적인 생각을 하면 긍정적인 머피의 법칙이 적용된다.

베스트셀러 목록에 올라와 있는 조엘 오스틴의 "긍정의 힘"을 보면 사람은 믿는 대로 된다고 하였다. 우리가 긍정적인 생각으로 세상을 보면 모든 것이 긍정적이고 행복해 보이나, 부정적인 생각으로 세상을 보면 모든 것이 부정적이고 불행해 보인다.

결국 우리의 비전을 세워서 그것을 달성하느냐 못하느냐는 자신의 비전을 긍정적으로 보느냐 부정적으로 보느냐의 차이다. 따라서 꼭 비전을 달성하기 위해서는 꼭 달성할 수 있다는 긍정의 힘으로 생각한다면 분명히 우리의 꿈이 달성될 것이다.

자신의 삶은 자신이 만들어 가는 것이다. 마찬가지로 긍정적으로 생각하다 보면 나의 작은 습관들이 모여 나를 긍정적으로 만들어간다. 알게 모르게 수년이 지나면 내 습관이 나를 얼마나 변하게 했는지 알 수 있을 것이다. 10년이 지나고 나면 작지만 좋은 습관들을 만들어 가는 성공자의 삶을 살게 될 것이다. 항상 긍정의 눈으로 세상을 보는 습관, 항상 긍정의 말만 하는 습관, 남에게 뭔가 주는 것을 기뻐하는 습관, 문제만 제시하지 않고 대안도 제시할 줄 아는 습관, 그런 습관들을 만들며 승자의 삶을 살아 보라. 선택은 자유다. 긍정적인 생각으로 행복한 삶을 살 것인지, 부정적인 생각으로 불행한 삶을 살 것인지.

비전은 전략이 있어야
실현된다

처음부터 우물 안에서 태어나 자란 개구리는 우물 속에 갇혀 있다 하더라도 아무것도 보이지 않는다면, 그 곳에서 빠져 나오고자 노력하지 않는다. 개구리는 현재의 상황이 아무리 고통스럽다 하더라도 더 나은 곳으로 갈 수 있다는 확신이 없다면 그곳을 벗어나려 하지 않을 것이다.

그러나 세상에서 자란 개구리가 우물 안에 갇히게 되면 개구리는 어떻게 하든 우물 안에서 밖으로 나오려고 노력을 한다. 개구리는 불가능하다는 것을 알아도 우물 밖으로 나오려고 도전을 하게 된다. 그것은 개구리의 현재의 상황보다 더 나은 곳으로 갈 수 있다는 확신이 있기 때문이다. 그러나 개구리가 무작정 우물 밖으로 나오려면 수많은 시행착오를 거쳐야 한다. 무조건 뛰어 올라봐야 힘만 든다는 것을 알게 되면, 도구를 이용하게 되고. 결국 수많은 시행착오 끝에 개구리는 다시 광명을 찾을 것이다. 그러나 수많은 시행착오를 해도 우물 밖으로 나오지 못하고 죽는 개구리도 많을 것이다.

이처럼 우리는 성공을 경험하면 우물 밖으로 나오려는 개구리처럼 비전을 세우면 도전을 실천하게 된다. 그러나 실천 전략을 마련하지 않고 무작정 도전한다면 수많은 시행착오를 거치게 되어 상처 속에 영광을 얻을 수 있거나, 실패할 수도 있다.

따라서 비전을 달성하려면 확실한 실천 전략이 있어야 한다. 비전을 실천하는 전략 과정은 다음과 같다.

비전 실천을 위한 핵심 성공 요소를 파악한다

비전을 실천하기 위한 핵심 성공요소가 무엇인지를 파악하는 것은 비전을 실현하는 데 매우 중요하다. 비전에 따라서는 공부로, 사업으로, 돈으로, 접근해야 할 때가 있다. 따라서 어떠한 비전이냐에 따라 각기 다른 접근 방법을 선택하여야 한다. 접근 방법이 결정되면 성공하기 위한 핵심요소가 무엇인지를 파악해야 한다. 성공을 위한 핵심요소에는 인맥, 노력, 경력이 있다. 이러한 접근 방법과 핵심요소가 결정되면 다음은 어떻게 실행할 것인가의 문제를 선정해야 한다. 어떻게 실행할 것인가에 대한 판단은 "최선을 다할 것인가, 대충할 것인가, 때를 기다릴 것인가, 지금 할 것인가 아니면 나중에 할 것인가" 등이 있다.

비전 실천을 위한 장애물을 제거해야 한다

비전을 실천하기 위해서는 비전을 실현시키는데 도움이 되지 않는 것들을 최대한 제거해야 한다. 비전은 큰데 비전 실현을 위해 최선을 다하지 않으면 목적을 달성할 수 있어도 최고는 될 수 없다. 따라서 내가 비전을 실천하는데 장애물이 되는 단점이나 한계 등을 제거하여야 한다. 한 가지 일에 집중하지 못한다든지, 자신감이 부족하다든지, 실천의지가 없다든지, 두려움이 없다 던지 하는 장애물을 제거하지 못하면 비전 전략 계획은 의미가 없다.

비전과 전략을 공유한다

비전과 전략은 주변에 있는 지인들과 공유하면 더욱 비전은 커지며 전략은 더욱 공고히 된다. 내가 세운 비전이지만 주변 사람들과 공유하면 주변 사람들과 상호작용을 통해 애초에 가졌던 비전은 점차 확고해지며 커진다. 전략을 공유하면 주변으로부터 일관성 있는 관심과 후원을 얻을 수 있어 비전을 실천하는데 도움을 준다. 또한 주변에서 전략을 같이 하고자 하는 인맥들이 구성되어 내가 실천하고자 하는 비전에 도움을 받을 수 있다.

전략의 주기적인 평가는 성공을 빨리 오게 한다

자신이 세운 전략에 대한 주기적인 평가는 자신의 비전을 더욱 활기차게 만든다. 비전의 공고화는 성공에 이르는 길을 짧게 해준다. 전략에 대한 주기적인 평가는 자신이 세운 전략이 일정한 기간이 경과한 뒤에 얼마나 달성했는가를 평가하는 것이다. 자신이 설정한 측정 기준에 따라 주기적으로 전략의 실행 정도를 종합적인 평가를 실시함으로써 비전이 얼마나 실행되고 있는가를 평가할 수 있다. 이는 전략 실행 정도, 자신의 정신 자세, 환경의 변화 등 최종 목표를 실현하기 전에 자신의 비전을 실행할 수 있는 역량 수준을 파악할 수 있게 한다. 또한 자신의 비전을 실행할 수 있는 역량 수준을 파악함과 동시에 목적했던 성과로 연결되는지를 파악할 수 있게 한다. 그리고 지금까지 해온 전략 실행이 잘못된 방향으로 가는 왜곡현상을 막아 준다.

04.

리더가
가져야 할
소통

스피치는 리더십을
더욱 돋보이게 하는 마술이다

피터 드러커Peter F. Drucker는 "인간에게
있어서 가장 중요한 능력은 자기표현이며, 현대의 경영이나 관리는 커
뮤니케이션에 의해서 좌우된다."고 말하여 스피치의 중요성을 강조하
였다. 굳이 피터 드러커의 말이 아니더라도 오늘날 스피치는 상대방을
설득시키고 이해시키고자 할 때 강력한 무기로 각 분야에서 활용되고
있다. 특히 취업 면접 인터뷰를 볼 때에도, 세일즈를 할 때에도, 상사에
게 보고나 회의를 할 때에도, 고객과 상담할 때도, 강의를 할 때도, 전
세계 곳곳에서 새로운 제품을 소개하고 기업의 투자를 권유할 때에도
점차 스피치로 진행되고 있는 실정이다. 따라서 이제는 누구나 스피치

를 할 수 있어야 한다. 그러나 스피치는 말만 잘한다고 되는 것이 아니고, 컴퓨터를 잘 다룬다고 되는 것은 아니고 모든 것이 결합되어야 한다.

"입을 열면 침묵보다 뛰어난 것을 말하라. 그렇지 않으면 가만히 있는 것이 낫다."는 독일 속담이 있다. 스피치의 성공 여부에 따라 기업의 투자와 제품의 판매와 취직이 또는 학점이 결정되는 시대가 오고 있다. 이러한 시대에 각광받는 사람이 되기 위해서는 사전에 철저히 준비하고 Skill을 연마하고 성공할 수 있는 Tip을 가지고 있어야 한다. 오늘날 스피치는 면밀히 계획되고 구성되어 실시되어야 하는 것으로 그 자체가 특별히 제작된 하나의 상품으로 생각되어야 한다. 따라서 스피치는 무형자산으로서 사람, 정보, 노하우로 이루어진 하나의 경영상품이라고 할 수 있다.

사람들은 가끔 말을 잘하는 사람을 만나면 부러워한다. 어떻게 말을 잘할 수 있을까? 의아해 하기도 심지어는 태어나면서 갖는 재능이라고 생각하기까지 한다. 그러나 우리는 갓난 아이 때부터 주변의 외부적인 영향에 의하여 언어능력을 갖게 된다. 일반적으로 어려서부터 책을 많이 읽거나, 말을 많이 하고 자란 아이들은 표현능력이 높아지는 데 반해, 책을 많이 읽지 않거나, 소극적이고 내성적인 아이들은 말하는 것이 말을 잘 못하는 경우가 많다. 결국 말을 잘하고 못하고 주변의 환경에 의하여 말의 습관이 형성되기 때문이다. 따라서 성인이 되어서도 연습만한다면 말은 잘 할 수 있다는 것이다.

영국 역사상 가장 위대한 영국인으로 추앙받았던 윈스턴 처칠은 정치인으로 세계를 변화시켰지만 더욱 유명한 것은 노벨문학상을 수

상할 정도로 문학에도 조예가 깊었지만 더욱 유명한 것은 명연설가였다는 것이다. 그러나 그의 화려한 조명 뒤에는 처절한 인생의 극복이 있었다. 그는 왜소한 체구로 심한 열등의식과 매번 꼴찌를 벗어나지를 못한 어린 시절을 보냈다. 그는 자신의 불행을 극복하기 위하여 매일 다섯 시간이 넘는 독서와 연구를 통해 자신만의 지식 세계를 만들어 갔으며 자신의 인생을 물론 세계를 변화시켰다.

처칠은 두 달 일찍 태어난 조산아로서 지능발달이 늦어 학교생활에 적응하지 못하고 어린 시절을 보냈다. 그의 아버지는 항상 처칠을 가문의 수치로 여겼고 이는 어린 처칠에게 많은 상처를 주었다. 그의 아버지가 정신착란이 시작된 이후로는 처칠에게 더욱더 심한 폭언을 서슴지 않았다.

게다가 8삭동이로 태어난 처칠은 태어날 때부터 몹시 병약하여 어린 시절에는 거의 모든 병을 달고 다녔으며 열한 살 때는 죽음의 문턱까지 다녀왔다. 결국 그는 숨을 거두는 순간까지 여러 가지 병마의 그림자에서 한 순간도 벗어나지 못했다. 체격 역시 왜소하여 그에게 평생을 살면서 크나큰 콤플렉스를 가져다주었다. 무엇보다 놀라운 것은 이 시대 가장 위대한 연설가로 인정받고 있는 그는 혀가 짧았으며, 몇몇 발음들을 발음하지 못했고 말더듬증도 갖고 있었다. 또한 그는 학창 시절에 학업 성적이 거의 꼴찌였다. 성적이 나빠 대학진학을 못했으며 육군사관학교를 지원했지만 두 번 떨어졌으며 세 번째에야 겨우 합격하였다. 또한 그는 선거전에서 가장 많은 패배를 경험한 정치인으로 기록되어 있다.

그는 군에 입대하면서 체력 훈련에 몰두하여 신체적인 허약함을 이겨내려 했으며, 학문에 대한 열등감은 하루 다섯 시간이 넘는 독서와 연구를 통해 자신만의 지식 체계를 이끌어내었다. 그는 짧은 혀로 인하여 발음이 안되는 단어를 걸을 때마다 항상 연습했으며, 무대공포증을 없애기 위해 웅변 기술을 끊임없이 연습했다. 즉석에서 말하는 것이 서툴렀던 그는 명연설들은 미리 원고를 써서 암기한 것이었다. 그는 자신의 소심한 성격을 이기기 위해 전쟁에 참가해서는 가장 치열한 전투에 자진해서 몸을 던지기도 하였다.

그는 이러한 삶의 자세로 영국에서 두 번이나 수상을 지낸 정치가이자 웅변가로 명성을 날렸으며, 바쁜 정치생활 속에서도 수많은 강연과 20여권이나 되는 훌륭한 저서를 집필하여 노벨문학상을 수상했으며, 금세기 최초로 왕족 이외에 '국장'으로 장례를 치른, 지금까지도 "가장 위대한 영국인"으로 불렸다. 그가 이처럼 험난하고 불행했던 어린 시절을 극복하고 영국을 대표하는 대정치가가 되고 전 세계 사람들에게 존경을 받을 수 있었던 것은 자신의 약점과 모자람을 극복하려고 끊임없이 노력했고 영국을 2차 세계 대전에서 구하고 명연설가, 정치인으로서, 노벨문학상을 수상하여 파란만장한 삶을 살았기 때문이다.

'노'를 '예스'로 바꾸는
감성스피치

감성(感性)은 이성(理性)과 대립되는 말로 느낌을 받아들이는 성질을 말한다. 과거 우리나라의 전반적인 기업문화는 획일적이고 경직되어 있어 리더의 일방적인 방침에 따라 기업이 움직여왔다. 그러나 최근 무한 경쟁의 시대에서 기업이 살아남기 위해서는 무언가 남들과 차별성이 있어야 한다. 따라서 기업들은 소비자와 사회의 욕구에 맞추기 위하여 경영에도 감성을 도입하여 많은 효과를 보고 있다. 점차 과거의 '독불장군식' 기업경영에서 벗어나고 인간미 물씬 풍기는 '감성경영'이 부각되면서 새로운 기업문화로 자리잡고 있다.

순전히 논리적으로만 보이는 주장을 하는 것은 흔하게 하는 실수이다. 특히 총명한 사람들일수록 이런 실수를 잘 범한다. 그러나 사람들은 감정적으로 말하더라도 논리적으로 추론하고 있다고 느끼기를 좋아한다. 따라서 논리에도 감정이 깃들어 있어야 하며, 상대편을 진정으로 움직이게 하는 것은 감정임을 이해해야 한다.

우리 모두가 감정에 의해 좌우되지만, 누구도 이 사실을 공개적으로 인정하는 것을 좋아하지는 않는다. 따라서 가장 감정적인 주장을 할 때마저도 노골적으로 감성적인 말들만을 사용해서는 안된다.

스피치를 들으면서 느끼는 청중들의 감정과 느낌 또는 즐거움, 흥분, 만족감 등은 스피커가 원하는 목표의 도달에 매우 중요한 역할을 수행한다.

감성 스피치는 한 마디로 청중들의 감성에 어울리는 혹은 그들의 감성이 좋아하는 자극이나 정보를 통해 스피치에 대한 스피치에 대한 호의적인 감정 반응을 일으키고 경험을 즐겁게 해줌으로써 청중을 감동시키자는 것을 목표로 하고 있다.

감성 스피치는 스피치에서 말투나 행동과 같은 외부적인 자극뿐만 아니라 한 걸음 더 나아가서 청중의 마음을 상대로 하는 감각정보를 통해 청중의 감성 욕구에 부응하자는 것이다. 그러려면 인간이 가진 다섯 가지 감각(시각, 청각, 미각, 후각 촉각)에 기초하여 정보를 받아들인다는 점을 핵심으로 하여 이러한 감성적 측면을 자극할 수 있는 스피치 계획을 세워야 한다.

사람의 뇌는 생리적으로는 몸의 각 부위를 움직이게 하지만 정신적으로는 희·로·애·락을 느끼고 생각하고 말하는 역할을 담당한다. 뇌는 크게 나누어 대뇌, 소뇌, 뇌간, 간뇌로 구성되어 있는데, 이때 오른쪽에 있는 것이 우뇌이고, 왼쪽에 있는 것이 좌뇌이다.

좌뇌는 논리적 사고와 분석적 사고의 중추로서 언어와 셈을 하는 능력과 관련이 있다. 따라서 읽기·쓰기·말하기·셈하기와 같은 기본적인 학습은 좌뇌가 받아들이고, 음악·미술·무용처럼 감상적이고 상상력과 창의력이 필요한 학습은 우뇌가 받아들이게 된다.

과거에는 분석력을 주관하는 좌뇌가 발달한 사람이 지능지수가 높은 것으로 나타났으며 과거의 스피치는 주로 이론적이고 텍스트 위주의 스피치가 주를 이루었다. 그러나 요즘에는 우뇌의 중요성이 높아짐에 따라 감정에 호소하는 스피치가 인기를 끌고 있다. 우뇌의 감정을 자극하려면 이미지나 음악 또는 동영상 같은 자료를 활용하는 것이 좋다. 그러나 너무 우뇌를 강조하게 되면 이성적으로 생각하기보다는 감각적으로 판단하려고 하게 되어 올바른 판단을 하기가 어려워진다는 것이다. 따라서 좌뇌와 우뇌를 적절하게 자극하는 스피치가 좋다 하겠다.

준비는 성공하는 스피치를
만들어 준다

우리는 인생을 살면서 꼭 성사시켜야 하는 스피치가 있다. 예를 들면 꼭 입사하고 싶었던 회사의 면접이나, 마음에 드는 사람에게 하는 프로포즈, 자신의 인생을 결정하는 중요한 발표, 꼭 물건을 팔아야 할 때 등이다. 반드시 성공시키려는 의지를 가지고 스피치를 하려면 최소한의 준비를 해야 한다. 준비되지 않은 스피치는 상황을 썰렁하게 하거나 상대방의 신뢰를 떨어뜨리게 됨으로 실패하는 경우가 생긴다. 따라서 반드시 성공하기 위해서는 다음과 같이 스피치를 위한 준비를 해야 한다.

• 내용을 완전히 숙지해야 한다.

스피커는 자기가 스피치를 해야 할 내용에 대하여 자기가 가장 많이 알고 있다는 자신감과 실제로 그 정도의 지식을 가지고 있어야 한다. 그리고 스피치를 하기 전에는 다 알고 있는 것 같아도 막상 스피치를 하게 되면 당황하면서 모든 것을 잃어버리는 경우가 많다. 따라서 스피커는 모든 내용을 완전히 소화할 뿐만 아니라 숙지를 해야 한다.

• 예행연습을 철저히 해야 한다.

스피치가 진행되기 전에 스피커는 충분한 예행연습을 철저히 하여야 한다. 아무리 연습을 해도 스피치를 하고 나면 충분한 능력발휘나

가지고 있는 모든 것을 풀지 못한 안타까움을 갖고 돌아서게 된다. 따라서 스피커는 실제와 같은 상황에서 연습하여 스피치 당일, 실수 없이 실전에 임해야 할 것이다. 또한 예행연습 시에는 스피치의 강조점 등을 체크하여 체크 포인트로 활용하여야 할 것이다.

• 공포감을 극복해야 한다.

청중 앞에 서는 불안감을 없애지 않으면 아무리 좋은 자료를 준비했다하더라도 별 소용이 없다. 거울을 보면서 자신있는 표정을 연습하고, 좋은 결과가 나올 것이라고 자기 최면을 건다. 단상에서 할 말을 잊을지 모른다는 등 막연한 불안감은 뇌리에서 깨끗이, 정말 깨끗이 지워라.

• 자신감에 찬 스피치를 해야 한다.

청중들은 자신감 있는 스피커를 원한다. 명스피커는 자신감에 찬 스피치를 한다. 자신감에 찬 스피커가 되기 위해서는 스피커가 자기 스피치 내용에 대한 확신을 갖고 그를 통해서 소정의 목적을 달성할 수 있다는 것을 굳게 믿는다면 어떤 스피치도 성공할 수 있다. 즉 자신감 있는 스피치는 무엇보다 신념과 확신에 찬 언행으로 스피치하는 것이 대단히 중요하다. 특히 도입 부분부터 스피커의 신념에 찬 목소리로 하는 스피치로 청중을 압도할 수 있으면 감동을 전달하는 스피치가 될 수 있다.

• 여유 있는 마음으로 천천히 스피치해야 한다.

스피치란 청중에 대한 서비스의 연속이다. 따라서 여유있는 마음으로 천천히 스피치를 해야지 스피커가 전달하고자 하는 내용을 충분히 전달할 수 있다. 만약에 급한 마음으로 스피치를 하다보면 자칫 여유를 잃고 쫓기게 됨은 물론 말이 빨라져서 청중들이 이해하기 어려운 때가 많다. 이는 스피치를 정해진 시간까지 끝내야 한다는 초조감 때문인 경우가 많다. 그런 경우에는 스피치 내용 중에서 상당한 부분을 버리고 중요한 것만 전달하려는 마음을 가져야 한다.

• 제한된 시간을 효과적으로 활용하는 기술을 익혀야 한다.

청중들이 집중해서 들을 수 있는 시간은 제한되어 있다. 배당 시간을 먼저 고려해야 하지만 평균적으로 20분을 넘어서면 청중들은 슬슬 집중력이 떨어지기 시작한다. 개인차는 있지만 평균적으로 30분이 가까워오면 집중력이 떨어지기 시작하는데 이 시점에서 흥미를 끌 만한 실례를 들거나 질문을 하여 집중력을 끌어 올려야 한다. 최근 스피치에 활용되는 다양한 시청각 기자재를 사용하는 것도 좋은 방법이다. 또한 제한된 시간을 초과하거나 정해진 시간보다 늦게 시작해선 안된다. 시간을 지키는 것도 신뢰감을 형성하는 중요한 요소가 된다.

• 일관된 흐름을 가지고 요점을 간결, 명확하게 전달하는 습관을 가진다.

아무리 달변이라 해도 요점이 명확하지 않고, 장황하게 늘어놓기만 한다면 상대를 설득하기 어렵다. 먼저 스피치의 목표를 명확히 설정하고, 전달하고자 하는 핵심적인 사항을 일관된 논리 하에 간결하고, 명확하게 전달하라. 장시간 스피치를 들었을 때 청중이 기억하는 내용이 얼마나 있으리라 생각하는가? 반드시 기억해야 하는 가장 중요한 내용을 도입부와 종결부에 반복하여 인지시켜야 한다. 일관된 흐름을 갖고 요점을 명확하게 전달하는 것이 중요하다.

• 철저한 준비를 해야 한다.

유능한 스피커라면 전달하고자 하는 내용을 명확하게 이해하고 내용에 대한 확신을 가져야 하며 철저하게 준비해야 한다. 또한 돌발 상황에 대처할 수 있는 임기응변 능력도 갖춰야 한다. 스피커는 어떻게 보면 무대의 배우와도 같다. 청중에게 감동을 주기 위해서 엔터테이너의 역할을 감수해야 한다. 적절한 시선 안배, 표정 연기와 음성, 세련된 손놀림과 유머감각 그리고 위기상황 대처능력을 갖춰야 한다. 리허설을 통해 연습하는 것도 하나의 방법이 될 수 있다.

• 설득해야 할 대상에 대하여 철저히 연구해야 한다.

스피치는 구체적인 대상이 정해져 있으며 대상을 설득해야 하는 작업이다. 누군가를 설득한다는 것은 결코 쉽지 않은 일이다. 확실한 논거를 바탕으로 이성적인 합의뿐 아니라 감정적인 호응도 이끌어내야 하기 때문이다. 따라서 사전에 대상에 대한 정보를 가능한 한 많이 수집하라. 그리고 아주 작은 성향까지도 파악해서 결정권을 갖고 있는 대상에 맞는 스피치 스타일을 개발하라. 만약 결정권자가 이 분야에

정통한 전문가라면 철저한 지식으로 무장을 해야 함은 물론 그가 생각하지 못한 뛰어난 무기를 갖고 있어야 한다. 만약 클라이언트의 스타일이 개성을 중시하는 자유로운 스타일이라면 두껍기만 한 기획서와 구태의연한 진행방식은 버려라. 이 때 중요한 것은 수집한 정보의 정확성이다. 잘못 파악했다가는 오히려 낭패를 보기 쉽다. 스피치는 쌍방향의 암묵적인 커뮤니케이션이라는 점을 명심해야 한다.

• 밝고 긍정적으로 스피치해야 한다.

청중들은 밝고 긍정적인 스피커를 좋아한다. 좋아하는 이유를 보면 이러한 스피커들이 말하는 것은 뭔가 비전과 희망이 있는 것 같이 의미있게 들린다고 청중들은 말한다. 반면에 소심하고 부정적인 스피커는 청중들의 호감을 얻기 어렵고 스피치가 성공하기 어렵다. 부정적인 말은 자기 자신뿐만 아니라 주위에 있는 모든 사람에게 까지도 실패와 위기의식을 불어넣는 위험한 스피치가 된다. 청중이 가장 듣기 좋은 음성은 밝은 음성이고 가장 아름다운 모습은 밝은 표정이다.

상대방의 동의를 일으키는
소통 방법

남과 대화를 할 때는 기본적인 태도를 가지고 해야 한다. 기본적인 태도를 가지고 대화를 하면 그것 자체가 화자의 마음을 정화하고 그에 따른 대화도 나오게 만들어 준다. 더욱이 대화를 잘하기 위해서는 나름대로의 노하우가 필요하다. 대화의 노하우는 많은 경험을 바탕으로 얻어지는 것이기는 하지만 올바른 대화 요령을 깨우친다면 원하는 목적을 달성하는 스피치를 할 수 있다. 다음은 올바른 대화를 하는 요령이다.

첫째, 상대방을 한 인간으로 존중한다.

상대방을 인간적으로 존중하면 상대방에 대한 감정, 사고, 행동을 평가하거나 비판, 판단하지 않고 있는 그대로 받아들이는 자세를 가지게 된다. 또한 상대방이 화자의 맘을 이해하고 본인도 상대방을 존중하는 마음을 갖게 될 수 있다.

둘째, 상대방을 성실한 마음으로 대한다.

상대방과의 관계에서 성실한 마음으로 대한다. 이러한 성실함은 상대방에게 자연스럽게 대화 도중에 표현이 되며 이를 바탕으로 상대방도 성실한 마음으로 대화에 참여하게 되어 상대방과의 솔직한 의사 및 감정의 교류가 가능해진다.

셋째, 상대방을 공감적으로 이해하려고 노력한다.

우리는 가끔 대화할 때 상대방에 대하여 무조건 이해하는 듯 "다 이해해"라는 말을 자주 한다. 그러나 상대방을 이해하기 위해서는 상대방이 가진 생각이나 느낌, 가치, 도덕관 등을 다 이해해야 한다. 상대방을 다 이해하지 못하고는 상대방과 공감대를 가지기 어렵다. 그러나 상대방의 입장이 되어 깊고 주관적으로 이해하면서도, 결코 자기

본연의 자세를 버리지 않는 것이 공감이다. 상대방의 감정을 이해하고 있음이 상대방에게 전달될 때 상담자는 자신이 이해받고 있다는 느낌을 갖게 된다.

넷째, 상대방을 배려하는 대화를 해야 한다.

상대방을 배려하는 대화를 하려면 나–전달법I-message으로 대화를 해야 한다. 나–전달법I-message은 자신의 내면을 표현할 때 주어를 '나'로 하여 그런 느낌을 가지게 된 책임이 상대방에게 있지 않고 표현자에게 있음을 알려 주는 진술방식이다. 책임을 자신에게 두지 않고 상대방에게 전가하는 진술방식을 너–전달법You-message이라고 한다. 너–전달법은 불쾌한 감정을 지니거나 갈등상태에 있을 때 보통 사람들이 흔히 하는 표현방식이다. 그러나 이러한 표현은 문제를 더 크게 하거나, 관계를 더 해치는 경향이 있다. 나–전달법I-message을 통한 자기노출은 스피치 뿐 아니라, 대인관계에서도 매우 필요한 의사소통방식이다.

〈나–전달법과 너–전달법의 비교〉

구분	나 – 전달법	너 –전달법
표현	어제 안 와서 나는 매우 걱정이 되었다.	넌 왜 그모양이니?
보기	상황 - 결과 - 느낌	비꼬기, 지시, 교화, 비판, 평가, 경고
나의 내면	걱정, 섭섭함	걱정, 섭섭함
상대의 해석	나를 걱정하였구나. 연락을 안해줘서 섭섭했구나.	나의 사정은 전혀 생각해주지 않는구나. 나를 나쁜 사람으로 보고 있구나.
개념	"나"를 주어로 하는 진술	"너"가 주어가 되거나 생략된 진술

효과	1. 느낌의 책임을 자신에게 돌린다. 2. 청자에 대해 부정적인 평가를 하지 않기 때문에 방어나 부적응이 일어날 가능성이 적다. 3. 관계를 저해하지 않는다. 4. 청자로 하여금 자성적인 태도와 변화하려는 의지를 높일 가능성이 높다. · 상대방에게 나의 입장과 감정을 전달함으로써 상호이해를 도울 수 있다. · 상대방에게 개방적이고 솔직하다는 느낌을 전달하게 된다. · 상대는 나의 느낌을 수용하고 자발적으로 자신의 문제를 해결하고자 하는 의도를 지니게 된다.	1. 죄의식을 갖게 하거나 자존심을 상하게 한다. 2. 배려받지 못하고 무시당한다는 생각을 갖기 쉽다. 3. 반항심, 공격성, 방어를 야기하여 자성적인 태도가 형성되기 어렵고 행동 변화를 거부하도록 한다. · 상대방에게 문제가 있다고 표현함으로써 상호관계를 파괴한다. · 상대방에게 일방적으로 강요, 공격, 비난하는 느낌을 전달하게 된다. · 상대방은 변명하려 하거나 반감, 저항, 공격성을 보이게 된다.

요청과 거절에도 매너가 필요하다

우리는 세상을 살면서 대화를 하게 되면 상대방에게 자신에게 필요한 것을 이리이리 해달라고 요청하거나, 상대방의 요구를 거절하는 경우가 생긴다. 요청과 거절은 상대방이 절친한 사이라면 크게 문제가 되지 않지만, 처음 만나는 사람이나, 거래처, 연인 사이에서는 상대방의 마음의 문을 닫게 하거나 아프게 할 수 있다. 따라서 요청과 거절에는 다음과 같은 요령이 필요하다.

• 요청하기

스피커가 상대방에게 요청을 하게 되면 상대방은 마음의 문을 닫고 긴장하며 듣게 된다. 때로는 스피커의 말을 들으면서 어떻게 하면 거절할 것인가를 생각하고 있을 수 있다. 따라서 언제든 거절될 수 있다는 생각으로 상대방이 기분 나쁘지 않도록 주의를 기울여 대화해야 한다.

○ 원하는 것에 대해서 명확히 그리고 구체적으로 표현한다.

　　예) "아무거나 먹자"보다 "자장면 먹으러 가자"

○ 언제든 상대방이 거절할 수 있다는 것을 명심하고 그 거절을 받아들일 준비가 되어 있어야 하며, 만일 요청이 거절되면 그 대안을 준비한다.

　　예) "그게 안된다면 그럼 이건 어떤가요?"

○ 상대방에게 부담을 주는 것은 직접화법을 쓰는 것보다 간접화법을 쓰는 것이 부드럽다.

　　예) "문 좀 닫아요"보다는 "문 좀 닫아 줄래요"

○ 상대방의 대답을 액면 그대로 인정하고 존중한다. 유추해석은 오해를 불러 온다.

　　예) "네 그러시군요. 잘 알겠습니다."

○ 상대방의 대답에 대한 나의 감정, 감사, 실망, 수용의사를 기분

나쁘지 않도록 정중하게 표현한다.

예) "그러시군요. 저는 그게 잘못된 줄 몰랐습니다. 시정하도록 하지요."

◦ 요청이 이루어지면 진심으로 고마움을 표현해야 한다.

예) "요청을 받아주셔서 감사합니다. 참으로 도움이 많이 되었습니다."

◦ 상대방이 거절한다고 해서 그 사안만을 거부하는 것이지 당신을 전체로 거부하는 것은 아니니 실망에 빠져서 대화를 단절해서는 안된다. 부탁을 들어주지 않은 경우, 상대방은 내심 미안한 맘이 있으므로 다음번의 부탁은 들어줄 가능성이 크다. 따라서 한 번 거절한 사람에게 다음 기회에 다시 요청하면 성사될 가능성이 있다.

예) "전에는 거절하셨는데 혹시 마음이 바뀌지는 않으셨나요?"

◦ 상대방이 거절하였다고 완전히 대화를 단절하지 말고 자신의 솔직한 마음을 표현하고 다음 기회를 기약한다. 만약 대화를 단절해 버리면 다음의 기회마저 없애는 결과를 만든다.

예) "제 요청에 거절해서 마음은 편하지 않지만 다음에는 꼭 거래가 성사되길 바랍니다."

• 거절하기

살다보면 상대방의 요청에 대하여 거절해야 할 때가 분명히 있다. 그러나 거절을 잘못하게 되면 상대방이 마음의 문을 닫을 뿐만 아니라 영원히 적이 될 수도 있다. 따라서 거절을 할 때도 상대방의 마음을 다치지 않도록 주의하면서 대화를 해야 한다.

- 도움을 요청하는 질문에는 가부를 확실히 밝혀 오해나 미련의 소지를 주지 않는다. 만약 가부를 밝히기 어려울 때는 생각할 시간을 달라고 해서 시간을 가지고 생각해본다.
- 거절의 의사표현은 진지하고 솔직하게 하려고 노력한다.
- 거절의 의사표현은 간단 명료하게, 많은 변명은 필요 없다.(변명이 필요할 땐 짧게 할 것)
- 거절의 의사표현을 할 때 "미안하다"는 말은 꼭 그렇게 느낄 때만 쓴다.
- 상대가 당신 말을 받아들이지 않을 때는 침묵을 하거나 대화를 끝낼 권리가 있다.
- 일단 거절의 의사표현을 했어도, 당신 맘은 바꿀 수 있다.
- 거절의 의사표현은 조용한 목소리로, 몸짓으로 말해서 상대방을 아프지 않게 한다.
- 거절의 의사표현은 대안을 제시할 수도 있다.

  예) "다른 기회에 같이 하면 안될까요?"

칭찬의 힘은 불가능을 가능하게 한다

얼마 전 나온 책 중에 〈칭찬은 고래도 춤추게 한다〉라는 책이 베스트셀러에 오른 적이 있다. 조련사가 돌고래에 칭찬을 했더니 춤도 추더라는 내용이었다.

어느 초등학교 선생님이 재미있는 과제를 냈다. 똑같은 꽃나무를 화분 두 개에 나눠 심은 다음, 각각 이름을 지어 주라고 했다. 다만 한 쪽은 예쁜 이름을 지어주고 다른 한쪽은 형편없는 이름을 지어준 뒤, 물을 줄 때마다 그 이름을 불러주는 것이 전부였다. 아이들은 이 재미 있는 과제를 수행하면서 무척 흥미 있는 깨달음을 얻게 되었다.

똑같이 물을 주는데도 '예쁜아, 예쁜아' 하고 사랑스럽게 불러주며 기른 꽃나무는 보기에도 윤이 나고 튼튼하게 자랐다. 그런데 '멍청아, 멍청아' 하면서 기른 꽃나무는 눈에 띄게 초라해졌다.

이처럼 동식물에게도 칭찬의 힘은 크다. 사람에게는 더 말할 것이 없다. 칭찬 한마디가 상대방 마음의 문을 열게 하고 나에 대한 호감을 갖게 하는 데 중요한 역할을 한다.

칭찬은 상대방에 대한 호감의 표현이다. 그러나 칭찬을 잘못하면 오히려 분위기가 이상해지고 서먹서먹한 관계로 가기 싶다. 따라서 칭찬은 적절한 시기와 기회에 맞도록 해야 한다.

○ 칭찬을 받아들이는 것은 상대방의 호의에 대한 감사의 표시가 된다. 칭찬에 대해 품위 있게 간단한 대답과 함께 받아들임으로써 상대방이 다음에도 칭찬을 하기가 용이하게 만들어야 한다.

예) "감사합니다."보다 "좋은 말씀을 해주셔서 감사합니다."

○ 칭찬을 거절하는 것은 상대방의 견해를 무시해서 다른 칭찬을 하지 못하게 한다.

예) "전혀 아닌데요."

○ 칭찬이 진실이라는 것을 알도록 칭찬은 구체적으로 한다.

　　예) "당신은 아름답군요"라기 보다 " 당신 머리 스타일이 참 보기 좋아요."

○ 칭찬할 때 솔직하고 진지하게, 그리고 간결하게 한다.

　　예) "고마워요. 실은 숙제를 하고서 저도 기뻤어요."

○ 칭찬을 자주 주고받는 것을 즐기자.

○ 당신 자신에 대해 자랑스럽게 생각하는 것과 교만한 것은 다르
　다. 교만이란, 다른 사람을 깔아 뭉게고 기분 좋게 느끼려 하는
　행위다.

○ 칭찬은 연습할수록 잘할 수 있다.

인맥을 넓혀 주는 소통 방법

　　　　　　우리는 사회생활 속에서 수많은 사
람들을 만나게 된다. 처음 만나는 사람들과의 좋은 인간관계를 맺기
위해서는 개인의 첫인상도 중요하지만 대화방법도 중요하다. 소통방법
이 좋으면 자신의 단점을 보완하고 좋은 인간관계를 맺어 준다. 그런데
대화하는 것이 습관화되지 않고 일방적인 말만 해왔던 사람들은 오히
려 사람과의 만남에서 대화가 어색하게 되고 부정적인 인간관계를 맺
는 경우가 많다. 따라서 좋은 인간관계를 맺기 위해서는 다음과 같이
상황에 따라서 물 흐르는 듯이 대화를 진행하는 것이 좋다. 물 흐르는
듯이 대화를 진행하는 것이 좋다.

구분	사례	예
대화의 시작	• 처음에는 어색함을 깨기 위해 일상적인 가벼운 이야기로 대화를 푼다.	"오늘 날씨 좋지요.""차가 많이 막혔지요?"
	• 상대방에 대한 관심을 표현하기 위하여 상대방이 하는 것을 본 후 물어 본다.	"뭘 읽고 계시나요?"
	• 선의를 표현하기 위하여 무엇인가를 제공한다.	"커피 한잔 드시겠어요?""내가 좀 도와줄까요?"
	• 공감대를 갖기 위하여 같이했던 활동에 대해 거론한다.	"전에 같이 본 영화장면 같다."
	• 상대방을 인정하는 의미에서 타인의 외양이나 행동을 칭찬한다.	"오늘 따라 옷이 참 어울리네"
	• 내가 하고 있는 일에 참여하기를 부탁하여 동질감을 갖는다.	"우리 같이 등산가지 않을래?"
	• 대방이 필요할 것 같은 일에 당신 자신의 의견이나 경험을 나눈다.	"지난 모임은 정말 좋았지요."
	• 상대방이 친근감을 갖도록 자기 소개와 인사를 정중하게 한다.	"초면이시죠? 저는 ***라고 합니다. 만나서 반갑습니다."
	• 상대방을 존중하는 의미에서 의견이나 충고 정보를 구한다.	"등산해보시니 어떠세요?"
	• 남들과 똑같은 식의 인사법에 권태를 느끼지 않도록 자신만의 독특한 인사법을 준비하여 인사한다.	"안녕하세요. 용감한 ***입니다."
대화의 유지	• 일반적으로 균형, 교환, 보답의 원리를 지킨다. 되도록 균등하게 대화를 주고받는다.	
	• 자신의 의견을 보여준다.	"네 상당히 좋은 생각이군요."
	• 개방 질문open question을 한다.	"파란색이 좋지"보다 "어느 색이 좋니?"
	• 상대방이 싫증을 내는 기색이 보이면 자연스럽게 대화를 전환한다.	"그 얘기를 하니 다른 이야기가 생각나는군요?"

대화의 유지	• 상대방의 말을 잘 들어주고 그대로 반복하거나 주제를 더 보완하거나 다른 주제에 연결 역할을 한다.	"우와 정말이니 역시 넌 최고다. 그래서 다음에는 뭘 할건데?"
	• 개인적인 정보, 견해, 경험을 나누면 대화가 더 의미 있게 된다.	"전에 그 집에서 먹었던 김치찌개가 맛있지 않았니?"
	• 처음부터 개인적 문제를 모두 쏟아 놓지 않는다.	"나는 사실 부장님과 사이가 안 좋아?"
대화의 종결	• 좋은 호감을 가지고 있음을 암시하고 항상 인식하고 있다는 것을 알린다.	"오늘 이야기를 들어보니 당신이 맘에 드는 군요. 다음에 또 찾아뵙고 싶군요."
	• 상대방과의 만남에 대한 기쁨을 최대한 표시한다.	"오늘 선생님 덕분에 참 즐겁게 얘기 나누었습니다."
	• 상대방을 기분 나쁘지 않게 대화를 자연스럽게 끝내기 위한 방법	-모임 장소에서 다른 사람을 당신이 얘기하고 있던 이에게 소개한다. -주변을 정리한다. -슬쩍 당신 시계를 보아 갈 시간임을 암시한다. -약속이 있어서 가봐야 한다고 하고, 다시 만날 것을 제의한다.

경청의 놀라운 능력

사람의 귀는 외이(外耳), 중이(中耳),내이(內耳)의 세 부분으로 이루어져 있다. 이렇게 귀가 세 부분으로 이루어졌듯이, 남의 말을 들을 때에도 귀가 세 개인 양 들어야 한다고 경청의 중요성을 강조하였다. 경청을 하려면 상대방이 '말하는 바'를 귀담아 듣고 '하지 않는 심중의 말'은 무엇인지를 신중히 가려내며, '말하고자 하나 차마 말로 옮기지 못하는 바'가 무엇인지도 귀로 가려내야 한다고 했다.

그러나 한 연구보고에 따르면 85퍼센트 이상의 사람들이 경청능력에 있어서 평균 이하였고 5퍼센트에도 못 미치는 사람들만이 우수하거나 뛰어나다는 평가를 받았다고 한다. 대부분의 사람들은 남의 말을 잘 들으려 하지 않고 다음에 무슨 말을 할까에 더 신경을 쓰기 때문에 결과적으로 자신이 청취한 전체내용의 25퍼센트만을 경청하게 되고 나머지 75퍼센트는 그냥 흘려 들어버리게 된다고 한다.

경청에는 소극적 경청(침묵)과 적극적 경청(반영적 경청)으로 나눌 수 있는데 소극적 경청(침묵)은 아무런 말도 하지 않은 것으로 모든 것을 수용한다는 것을 의미한다.

소극적 경청은 상대방으로 하여금 더 많은 이야기를 털어놓도록 격려해 주는 효과적인 비언어적인 메시지이다. 화자가 말을 많이 하면 상대방은 자신의 문제를 이야기할 수 없다. 내가 침묵하면서 상대방의 이야기를 수용하면서 경청하면 공감과 온정을 전달할 수가 있다.

다음으로는 적극적 경청(반영적 경청)인데 화자는 단순히 듣기만 하는 것이 아니라 상대방의 속마음을 정확히 이해하고 언어적인 반응을 나타내는 것을 말한다. 적극적 경청이 소극적 경청보다는 훨씬 더 많은 상호작용을 일으킬 수 있으며 상대방의 기분을 좋게 할 수 있다. 효과적으로 경청하는 방법을 보면 다음과 같다.

- 화자는 모든 청자들이 궁극적으로 자신의 문제를 스스로 풀어갈 수 있는 능력을 가지고 있다는 신념을 가져야 한다.
- 청자가 어떤 느낌을 표현하든지 그 느낌을 그대로 수용할 수 있어야 한다. 청자의 반응에 대하여 어떠한 평가적인 용어를 사용해서는 안된다.
- 화자는 청자들의 느낌이란 일시적일 수 있다는 점을 이해하고, 적극적 경청은 청자들의 느낌을 변화시킴으로써 감정을 누그려뜨려 주고 그런 감정에서 벗어날 수 있게 해줄 수 있다는 신념을 가져야 한다.
- 화자는 청자와 공감하여야 한다. 그러면서도 청자의 감정에 말려들지 말고 화자의 정체성(正體性)를 유지해야 한다.
- 화자는 문제를 가진 청자를 진정한 사랑으로 도와주려는 자세를 가져야 한다.
- 화자는 청자들이 처음부터 문제의 핵심을 꺼내지 않는다는 점을 이해하고 인내를 가지고 문제의 핵심을 찾도록 노력해야 한다.

스피치에 대한 공포감 해결이 성공의 시작이다

우리나라 사람들은 여러 사람 앞에서 하는 스피치는 생활화되어 있지 않기 때문에 스피치를 앞두게 되면 보편적으로 심한 스트레스를 느낀다. 1대1의 개인적인 관계에서는 대화를 잘하는 사람도 여러 사람 앞에서는 말을 더듬는 경우가 많다. 실제로 통계자료를 보면 우리나라 직장인 열 명 가운데 아홉은 업무와 관련한 각종 발표 때문에 심한 스트레스와 심적 부담을 느낀다고 한다.

요즘은 입사 때부터 발표 능력을 갖춘 창조적 인재상을 요구하고 있으며 기업환경이 점점 '커뮤니케이션'을 중시하는 문화로 바뀌어 가면서 집단토론, 브리핑, 스피치, 제안, 기획회의, 고객 상담이 늘어가고 있다. 제아무리 회사를 살리고 빛나는 생각과 톡톡 튀는 아이템을 가지고 있다고 할지라도, 이를 고객이나 직장상사 앞에서 효과적으로 표현해 내지 못한다면 성공적인 목표를 달성할 수 없다. 따라서 스피치 능력은 자신의 미래를 발전시키는 중요한 결정요인이며 나아가 회사를 발전시킬 수 있다.

• 사람은 누구나 스피치를 하게 되면 긴장하고 떤다.

누구든지 처음 스피치를 하게 되면 여러 사람 앞에 선다는 생각만으로도 긴장을 하고 실제로 강단에 서서는 사시나무 떨듯이 떠는 경우가 많다. 그러다 보니 몸이 떨려 목소리까지 떨리게 되고 결국 혀가 뒤엉켜서 말까지 더듬게 된다. 그렇게 되면 아무리 많은 것을 안다 해도 제대로 전달하기는 커녕 말 한마디 제대로 하지 못하고 강단을 내려오는 경우가 있다.

스피치를 자주하는 분들도 대상에 따라서는 떨려서 제대로 스피치를 하지 못하는 경우가 있다. 이러한 이유는 자신보다 청중들이 높은 지위를 가졌거나 전문가라고 생각해서 자신감이 없어지고 스피치하는 자신의 초조함에 온갖 신경을 쏟다 보니 스피치 내용이 생각나지 않게 되어 말이 헛 나오며 스피치 내용은 더욱 뒤죽박죽되기도 하고 두서가 없어지기도 한다.

• 스피치 이상 증상에는 무엇이 있는가?

많은 사람들은 청중 앞에 서면 여러 가지 정신적인 변화와 신체적인 변화를 겪는다. 스피치에 대한 공포 증세는 스피커가 자신없어 하는 것을 청중들이 알게 하며 신뢰감이 없어 보이기 쉽다.

스피치 이상 증세

구분	스피치 이상 증세
정신적인 증상	불안감, 긴장감, 당황, 흥분 상태
신체적인 증상	가슴이 두근거리는 현상, 남 앞에만 서면 얼어버리는 현상 우는 현상, 얼굴이 빨개지는 현상, 사시나무 떨듯이 떠는 현상

떠는 현상은 사람에 따라 입술을 떠는 사람이 있기도 하고, 손이나 다리가 떨리는 사람이 있기도 하고, 온몸을 유난스레 떠는 사람도 있다. 떨림 현상은 목소리까지 떨리게 하여 듣기가 거북해진다.

• 무엇이 흥분하게 하고 떨리게 하는가?

떨리는 이유에는 여러 가지가 있다. 정서가 불안정하여 어쩔 줄 몰라하기 때문에 떨리기도 하고 자신감이 없어서 미래에 닥쳐올 실패에 대하여 미리 겁이 나서 두렵기 때문에 떨리기도 하다. 흥분이나 기대가 지나치면 심장박동수를 높아지게 하며 가슴에 통증이 오게 하고 시선을 한 곳에 머무르지 못하게 한다. 떨림의 이유를 원인별로 나누어 보면 다음과 같다.

원인별 떨림의 이유

구분	증상
정신적인 증상	하고 싶지 않은데 스피치를 해야 한다는 부담감 실패에 대한 두려움, 실패했을 때의 공포감 남들보다 잘할 수 없을 것 같은 열등감 스피치를 해본 경험이 없는 두려움, 정서불안, 실패해본 경험
기술적인 원인	말을 잘할 수 없다. 대화에 자신이 없다. 화제가 부족하다. 연습이 충분하지 않다.
육체적인 원인	추위로 인한 떨림, 건강이 안 좋아졌을 때 몸살, 감기, 두통으로 인한 컨디션이 안 좋아졌을 때

• 떨림과 공포에 대한 실체를 알면 공포는 사라진다.

사람은 누구나 사람들 앞에 서면 정도의 차이는 있지만 떨리고 흥분한다. 사람은 두려움과 흥분이 생기면 상황을 피하려는 노력을 하게 되는데 이를 회피반응이라고 한다. 그러나 어쩔 수 없이 상황에 부딪쳐야 하는 경우에는 상황이 발생하기 전부터 미리 불안을 느끼는데 이를 예기불안이라고 한다. 피할 수 없는 정도가 클수록 일상생활에 장애를 가져오고 극심한 불안 반응이 일어나게 된다.

그러나 어떠한 불안도 막상 일을 해결하고 보면 의의로 별것 아닌 것으로 끝나는 경우가 많아 허탈감이 생기기도 하다. 이는 우리가 공포나 불안을 느끼는데 충실했지 공포나 불안을 해결하기 위한 방법을 생각하지 않았기 때문이다. 결국 공포는 무지와 불안의 산물이기 때문에 차분히 준비한다면 공포도 사라지게 된다.

• 스피치 도중 말문이 막히는 경우 응급조치 요령

숙련된 스피커라도 스피치 도중 말문이 막히는 경우가 종종 있다. 이때는 잠시 동안 아무것도 기억할 수 없고, 상응하는 대목을 원고에서 쉽사리 찾지 못하는 경우도 일어난다. 이런 상황에서 스피커는 당황하게 되어 스피치를 망치게 되는 경우가 있다. 그러나 이럴 때 일수록 스피커는 침착해야 한다. 말문이 막히는 것을 피하기 위한 최상의 방법은 원고를 일목요연하게 구성하고 완벽하게 본인의 것으로 소화를 해야 한다. 그러나 잘 준비하였는데도 말문이 막힐 때는 다음과 같이 해서 위기를 모면한다.

가) 스피치 내용을 생각하는 동안 지금까지의 스피치 내용을 다시 한 번 요약해준다.

나) 창문을 열게 한다든가. 잠깐 동안 기지개를 켤 수 있게 만들어 준다.

다) 청중이 메모할 수 있도록 1~2분가량 시간을 준다.

라) 스피치와 관련된 내용에 대하여 질문한다.

마) 아무 내색도 하지 않고 다음 항목으로 넘어간다.

바) 가장 쉽게 할 수 있는 자신의 체험을 자연스럽게 이야기 하면서 주제를 다시

떠올린다.

사) 완전히 생각이 나지 않아서 당황을 오래 하게 되면 솔직히 청중에게 사과하는
것이 오히려 스피커의 정직성을 살리는 것이다.

05.

글로컬
리더십이란
무엇인가

글로컬 리더의 장점

일반적으로 리더란 조직의 생존과 성장을 구축하기 위한 구체적인 목표달성을 위해 긍정적인 방향에 따라 조직과 집단을 앞장서서 이끌어 가는 사람이다.

다음에서는 글로컬 리더의 장점을 보면 다음과 같다.

가. 협동적 성향

글로컬 리더십의 가장 큰 장점은 협동적 성향이다. 가부장적 리더십이나 전통적 리더십에서는 뚜렷한 위계질서 속에서 경쟁을 강조하여 효율성을 높이는 것을 중요시하였다. 그러나 세상이 민주화되어 감에 따라 경쟁이 아닌 협동을 중시하며, 조직 구조는 위계조직 대신 수

평으로 된 팀중심으로 전환되었다. 따라서 권위주의적인 리더 중심의 리더십보다는 글로컬 리더들이 가지고 있는 사람과 협동하려는 리더십이 조직을 이끄는데 합리적이며, 문제 해결을 효과적으로 하는 것으로 나타났다.

실제로 여러 연구를 종합해보면 기존의 리더들은 좀 더 권위주의적이고 지배적이라는 결과를 보이는 반면 글로컬 리더는 일반 리더보다 조직 운영에 조직원들을 참여시키며 좀 더 민주주의적인 것으로 나타났다.

나. 민주적 성향

산업사회에는 위계적이며 통제적인 관리 시스템이 유용했기 때문에 리더는 남성이라는 개념이 팽배해 있으며, 권위적이고 가부장적인 리더십을 높이 샀다. 권위적인 리더십에서는 의사결정과정이 없이 리더의 명령을 바로 수행해야 하는 상의하달식의 명령이 전달되었다.

오늘날에는 급속하게 사회가 변화하기 때문에 창조력과 경험지식이 중시되는 보다 탄력적이고 민주적인 조직운영이 더 효과적이다. 따라서 오늘날에는 의사결정 과정을 매우 중요시하고 있기 때문에 조직성원의 의견을 민주적으로 수렴하고 객관적으로 평가하는 리더십이 필요하다. 글로컬 리더는 조직원들의 의견을 존중하고 받아들이는 수용능력이 높은 편이다. 글로컬 리더십의 특징 중 하나는 리더의 기능을 한 사람이 모두 수행하는 것이 아니라 조직구성원들 모두가 동등한 정치적 인격체로서 유기적인 관계를 통해 조직목표를 달성해 나가는 것을 의미한다. 이런 측면에서 글로컬 리더십은 민주적 리더십이라고 할 수 있다. 이처럼 글로컬 리더십은 조직을 통제하는 것이 아니라 조직원들의 의견을 존중하므로 참여를 높이기 때문에 상호 영향을 끼쳐 더욱 큰 위력을 발휘할 수 있다.

다. 관계적 성향

글로컬 리더는 관계를 중요시하기 때문에 조직원에 대한 배려심이 강하게 나타난다. 이러한 특징으로 글로컬 리더는 조직원들에게 친절하게 도움을 주려고 하며, 긍정적인 집단 정서를 만들기 위해 노력한다. 또한 글로컬 리더는 기존의 리더에 비해 조직사회에서 얻는 스트레스가 적으며 스트레스 대처 능력이 높다는 것인데, 이것은 글로컬 리더들이 스트레스를 받으면 사람들과 대화로 해소하기 때문이다.

라. 감성적 성향

전통적으로 리더는 이성적이며 냉철해야 한다는 관념이 강하였다. 글로컬 리더의 특징인 감성적인 리더는 통합적 사고, 심미적 관심, 감정이입 능력, 민주적인 사고방식 등이 뛰어나기 때문에 조직 구성원의 창의적이고 자발적인 참여를 이끌어낼 수 있는 조화로운 리더십을 발휘할 수 있다. 리더는 외부환경 변화에 빠르게 변화하려고 하며, 조직원들에게 공유하려 한다.

리더에게 꼭 필요한
변화와 혁신

우리는 변화하지 않으면 가치를 잃어 버리는 것들을 수없이 목격하고 있다. 신곡 하나로 반짝한 가수들이 새로운 곡을 내지 못하면 금방 사람들의 머릿속에서 잊히는 것을 쉽게 볼 수 있다. 신제품을 사고 돌아서면 새로운 신제품이 시장에 나오는 시대에 살고 있는 우리에게 과거의 영광은 의미가 없다. 어제의 영광은 이제 더 이상 미래로 연결되지 않는다.

그래서 그런지 요즈음 개인, 기업, 국가는 너나 할 것 없이 변화와 혁신을 강조하고 있다. 국가는 국제사회에서, 개인이나 기업은 사회의 주류로 자리를 잡기 위해서는 사회의 변화에 따라 신속하게 변화하고 준비를 해야만 하는 시대에 살고 있기 때문이다.

행정자치부에서는 혁신담당관실을 두고 변화와 혁신을 주도하려고 하고 있으며, 개인은 사회의 변화에 적응하고 성공하기 위해서 스스로에게 변화와 혁신을 주입하고 있다. 많은 기업들의 신년 사업계획에서도 '변화'는 빠지지 않고 등장하는 주요 테마다. 경영자나 지도자들은 자신의 조직을 변화시키기 위하여 사무혁신, 조직혁신, 구조조정, 조직문화 개선 등 다양한 이름의 변화 관리 프로그램을 매년 초 선포하고 보다 나은 조직으로 거듭 날 것을 다짐한다. 하지만 안타깝게도 변화 관리 프로그램을 성공적으로 수행한 기업이나 국가는 전 세계적으로도 극소수에 불과하다.

변화와 혁신에 대한 중요성을 강조한 것은 비단 오늘날의 일은 아니다. 놀랍게도 무려 1백 년 전부터 혁신과 변화의 중요성이 강조되어 왔던 것이다. 슘페터는 자본주의 발전의 원동력은 '창조적 파괴'라는 말로써, 또한 컨베이어 시스템을 도입해서 자동차의 대량생산과 대중화 시대를 연 헨리 포드는 "변화를 거부하는 사람은 이미 죽은 사람이다." "이 나라에서 우리가 아는 유일한 안정성은 변화뿐이다." "만약 목표를 성취하는데 방해가 된다면 모든 시스템을 뜯어고치고, 모든 방법을 폐기하고 모든 이론을 던져버려라" 등의 말로써 변화와 혁신의 중요성을 주장하였다. 100년 전부터 주장한 변화와 혁신은 원하는 만큼 달성되지 않았거나 시대의 변화에 따라 더욱 필요하였기 때문에 강조되고 있는 것이다.

그러나 변화와 혁신은 변화를 거부하는 기존의 세력에게 많은 저항을 받게 되며, 대단위 자원과 노력 투여, 그리고 오랜 시간이 소요되는 특징을 가지고 있다. 따라서 성공적 변화와 혁신을 위해서는 최고 경영자의 전폭적인 참여와 지원은 너무도 당연한 전제조건이다. 그러나 최고경영자 한 사람의 힘으로 거대한 조직이 변화할 수 있다는 것은 우스운 이야기이다.

결국 조직 전체의 변화와 혁신을 가져오려면 최고 경영자 한사람의 변화가 중요한 것이 아니라 조직 구성원의 변화가 있어야 한다. 그러나 기존 조직 구성원을 변화와 혁신의 기수로 만드는 것은 고정관념을 깨는 것만큼 어려운 것이 현실이다. 그래서 기업이나 국가는 변화와 혁신을 이끌 인재를 등용하려는 노력을 기울이고 있다. 오래된 조직의 관행을 깨고 변화와 혁신을 몰고 갈 새로운 젊은 피를 수혈하려고 하는 것이다. 우리는 여기서 벤자민 프랭클린의 일화를 한번 음미해 보자.

벤자민 프랭클린은 원하는 것은 무엇이든지 자신의 노력에 의하여 이룰 수 있다고 생각한 사람이다. 남들은 한 가지 분야에서 성공하기도 힘들지만 벤자민 프랭클린은 평생을 살면서 인쇄공, 주간지 발행인, 의용병 대장, 시의원, 유명한 작가이자, 정치가, 애국자, 저명한 과학자로 미국 역사 발전에 지대한 공헌을 하였다. 그는 10살 때부터 학교를 그만두고, 마땅한 정규교육을 제대로 받지는 못했지만 멀티 플레이어로서 전문적인 지식을 습득하기 위하여 끊임 없는 노력을 하였다. 그는 미국 건국 초기에 워싱턴 장군을 도와 미국 역사에 중요한 역할을 수행하였다. 그는 독립선언서를 만드는데 기여하였으며, 지도자로서 대통령직 외에는 국가의 중요 요직을 골고루 맡았던 위대한 사람이었다. 벤자민 프랭클린은 다양한 일을 경험한데다 창의성도 매우 뛰어났다. 그의 놀라운 창의성은 피뢰침, 2촛점 안경, 스토브 이외에도 수많은 발명으로 이어졌다. 그는 항상 변화와 혁신을 꿈꿔왔다. 그래서 영국의 식민지에서 독립하기를 원해 직접 의용병 대장이 되었으며, 독립선언서를 작성하게 하였다. 미국이 독립된 후에도 다양한 멀티 플레이어로서의 능력을 가지고 국가의 기틀을 혁신적으로 변화시키는데 앞장섰다. 오늘날 미국이 지금처럼 강대한 제국으로 자리를 잡게 하는데 이 벤자민 프랭클린의 역할이 컸다는 것을 알 수 있다. 이처럼 벤자민 프랭클린은 제대로 교육의 혜택을 받지 못했으면서도 하면 된다는 정신으로 스스로의 학습을 통하여 자신의 인생을 변화시키고 미국의 역사를 변화시켰다.

개인, 기업, 국가가 변화와 혁신을 필요로 하는 시대일수록 변화에 능수능란하게 적응할 수 있는 새로운 리더를 원하게 될 것이다. 이들이 사회의 주류가 되는 때, 이들이 변화와 혁신을 이끌 신인류가 될지도 모른다. 그래야 개인, 기업, 국가의 미래가 있는 것이다.

리더십은 효과적이어야 한다

사람이 보유한 능력은 가지고만 있으면 아무도 알지 못한다. 어떤 사람의 능력이 아무리 많다고 해도 그 사람의 진면목을 알려면 그 사람의 능력이 외부로 발휘될 때 그 사람의 진면목이나 능력을 알 수 있다. 따라서 리더가 자신의 능력을 가지고만 있어서는 그 동안 들인 시간과 노력이 아까울 뿐이다. 리더는 자신의 재능을 가지고 좋은 결과를 낼 줄 알아야 한다. 그래야 주변 사람들이 그 사람에 대한 능력을 인정해주고 필요로 하기 때문이다.

자신이 아무리 많은 능력을 갖고 있다고 해도 능력을 발휘해서 성과를 올리지 못하면 능력이 없는 것과 마찬가지다. 누군가에게 좋은 결과로 인정받기 위해서는 능력을 얼마나 가지고 있느냐가 아니라 얼마나 발휘할 수 있느냐에 달려 있다.

결국 개인의 가치를 평가하는 기준은 연령이나 학력이나 경력도 아니고, 보유하고 있는 능력도 아니다. 사람들은 누구나 성공을 위하여 남들과는 특별한 학력, 재능, 경력, 능력을 가지기 위하여 노력하고 있다. 따라서 평범할 때는 학력, 재능, 경력, 능력 중에서 탁월한 부분이 유능하다고 인정받을 수는 있지만 리더가 되기 위해서는 학력, 재능, 경력, 능력과 같은 개별적인 가치는 큰 의미를 갖지 못한다. 리더로서 자신의 능력을 인정받기 위해서는 자신이 가지고 있는 모든 학력, 재능, 경력, 능력을 좋은 결과로 만드는 것이다.

천재는 노력하는 사람을 이길 수 없고, 노력하는 사람은 즐기는 사람을 이길 수 없다는 말이 있다. 즉 아무리 많은 능력을 가지고 있다고 하더라도 자신의 능력을 100퍼센트 발휘하지 못하면 능력은 부족하지만 최선을 다하는 사람을 이길 수 없다는 것이다. 또한 아무리 자신의 능력을 발휘하기 위하여 최선을 다하는 사람도 일을 즐기면서 하는 사람은 이길 수 없다는 것이다.

예를 들면 어느 회사에 3명의 직원이 신입사원으로 입사를 하였다. 1달이 지난 후 천재인 A는 자신이 100퍼센트의 능력을 갖고 있음에도 불구하고 20퍼센트의 결과밖에 내지 못하고, B는 50퍼센트의 능력밖에 없지만 자신의 성공을 위해 열심히 노력해서 40퍼센트의 결과를 냈으며, C도 B와 같이 50퍼센트의 능력밖에는 없지만 자신의 일을 즐기며 하기에 B와 똑 같은 40퍼센트의 결과를 냈다고 하자. 여러분들은 어느 쪽에 더 많은 점수를 주겠는가? 회상의 입장에서는 아마도 두 배의 결과를 가진 B나 C에게 후한 점수를 줄 것이다. 그러나 장기적으로 보면 B는 C에게 뒤질 것이다. 왜냐하면 B는 성공을 위해 일을 하고, C는 자신의 일을 즐기며 하기 때문에 B는 성공을 이루면 더

이상 능력을 발휘하는데 관심이 없어 질 것이다. 그러나 C는 자기 일을 즐기기 때문에 장기적으로 자신의 능력을 100퍼센트이상 발휘할 수 있기 때문이다.

사회는 좋은 결과를 내는 사람을 원하고 있으며 같이 일하기를 부탁할 것이다. 따라서 성공하는 리더가 되기 위해서는 자신이 가지고 있는 학력, 재능, 경력, 능력을 바탕으로 좋은 성과를 내는 것이 필요하다.

강인한 리더를 원한다

리더가 갖추어야 할 가치 중 빼놓을 수 없는 것이 바로 강인함이다. 리더를 따르는 사람들은 리더를 따름으로써 얻는 편안함을 얻고자 한다. 리더가 이끄는 데로 가면 자연스럽게 성공이 보장되길 원한다. 나의 어려움도 리더가 막아 주었으면 한다. 조직이 어떠한 역경에서도 꿋꿋이 발전하기 위해서 리더의 강인함을 원한다. 그래서 그런지 리더하면 카리스마형 리더를 떠 올린다. 카리스마라는 것은 특정인물의 행동이나 모습을 마냥 따라 해서 생기는 것이 아니라 바로 자기만의 독특한 스타일을 구축하고 발전시켜나가야 한다. 또 부수적으로 필요한 것이 바로 상대방의 심리를 읽을 수 있는 능력이 필요하다.

리더는 조직원들의 가려운 곳, 어두운 곳, 불안한 곳, 갈망하는 곳을 파악하여 채워주어야 한다. 또한 타인에 대한 배려를 하고 조직원들의 협조를 얻어내야 한다. 리더라고 잘난 체하거나 우월성만을 강조해서는 결코 조직원들의 마음을 사로잡을 수 없다. 솔선수범하고 그들보다 고생하고 있다는 느낌이 들 때 조직원들로부터 존경을 받을 수 있다. 이처럼 리더도 인간임에도 불구하고 개인적인 욕구를 뒤로 하고 조직원들을 위해 앞장 서서 리드를 하려면 남들보다 강인해야 한다.

강한 리더로 많은 사람에게 존경을 받고 있는 김구의 어머니이 곽낙원여사가 있다.

김구가 가장 영향을 많이 받은 사람 중에 한분이 바로 김구의 어머니 곽낙원이다. 곽낙원은 김구의 어머니이면서 아들을 따라 구한말, 일제 강점기의 여류 독립운동가이자 민족운동가가 되었다. 김구가 어려울 때마다 어머니는 함께 하였고, 아들을 더욱 훌륭하게 될 수 있도록 강하게 키웠다.

곽낙원은 처음엔 그저 여린 어머니에 불과했다. 하지만 아들을 통해 점점더 의식화된 여성으로, 독립운동가들에게 김구선생님이 버팀목이 되셨던 것처럼 김구선생님의 버팀목이셨으며 너무나 훌륭한 어머니가 되셨다. 김구가 위대한 인물이 되었던 원인에는 바로 어머니 곽낙원이 있었기 때문이라고 해도 과언이 아니다.

곽낙원은 김구가 어릴 때 김구에게 《천자문》을 가르치고 《동몽선습(童蒙先習)》《사서삼경(四書三經)》 등을 읽히는 등 아들 김구의 교육에 헌신적으로 노력하였다. 남편이 갑자기 뇌졸중에 걸려 전신불수가 되어 자리에 눕게 되자, 김구를 큰아버지댁에 맡기고 남편의 병을 어떻게든 고치겠다고 집과 솥을 팔아 남편을 데리고 전국의 용한 의원을 다녔다. 얼마 지나지 않아 몸이 나아져 돌아와 같이 살 수 있게 되었다. 곽낙원은 김구의 학비를 위해서 낮에는 남의 밭을 매주고, 밤에는 옷을 짜서 틈틈이 돈을 벌었다.

명성황후 시해사건으로 충격을 받은 김구가 치하포에서 일본군 중위를 살해한 혐의로 체포되어 인천형무소 등지로 전전할 때, 매일같이 면회가서 아들을 격려하였다. 김구가 탈옥하자 남편과 같이 체포되어 인천형무소에 3개월간 투옥되었던 일도 있다.

1910년 남편의 죽음으로 집안형편이 어렵게 되고 김구의 옥바라지를 하기 위해서 삯바느질과 남의 집 가정부 노릇을 하였다. 아들이 중국에 들어가 독립운동을 할 때는 손자들을 맡아서 키웠다.

1934년 김구가 대한민국 임시정부를 절강성 가흥으로 옮긴 적이 있다. 그 무렵 가흥에 어머니는 아들 김인, 김신을 데리고 찾아왔다. 어머니가 방문하여 생일이 다가 오자 김구의 동지들이 생일 잔치를 준비하였다.

이를 눈치 챈 어머니는 생일잔치를 준비하는 사람들에게 말했다.

"내 생일 잔치 차릴 돈이 있으면 내가 먹고 싶은 것을 사먹게 내게 돈으로 주게"

준비하던 사람들은 모두 돈을 어머니에게 주었다.

그날 밤 어머니는 동지들을 불러 놓고 난데없이 권총 2자루를 내놓았다.

"그 돈으로 총 2자루를 샀네, 왜놈에게 나라를 빼앗기고 목숨을 부지하는 것만도 다행인데 어찌 생일잔치를 차릴 수 있나? 이 총으로 왜 놈을 하나라도 더 쏴주게!"

동지들은 할 말을 잃고 어머니의 말씀을 깊이 새겼다.

어머니는 임시정부 직원들에게 말했다.

"우리 젊은이들이 왜적을 물리치고 고국으로 나갈 때 내가 먼저 앞장 설 것이네. 옛날 아들이 감옥살이할 때 내가 초라한 몰골로 면회 다니는 걸 보고 황해도 지사 김홍량이 준 무명 치마가 노랗게 바란 것이 있네. 그 치마폭에 태극기를 그려 두었지. 치마 태극기를 대나무 막대기에 끼어들고 휘두르며 내가 선봉에 서서 대한독립 만세를 부를 테니 젊은이들은 뒤따라오게나."

곽낙원은 강직한 품성으로 언제나 대범하고 당당했다. 아들 못지 않은 한결같은 용기와 지혜로 충만했던 곽낙원 여사는 당시 임시정부의 대가족에서 최고령으로 독립투사들의 정신적 지주였다.

강인함에는 육체적인 강인함과 정신적인 강인함이 있다. 정신적인 강인함이란 역경에 동요하지 않는 굳은 마음을 말한다. 실제로, 미국의 대표적인 백 대 기업의 사원을 대상으로 한 조사에서, 가장 바람직한 상사는 '역경이나 곤경에 동요하지 않는 상사'라는 결과가 나온 바 있다. 결국 리더는 강인한 정신을 가지고 있어야 리더로서 성공할 수 있다는 것을 의미한다.

리더의 필수 조건 트렌드

트렌드는 원래 경영학에서 사용하던 것으로 소비자들의 소비 추이를 말한다. 그러나 오늘날 트렌드는 사회의 전 분야에 미래를 예측하는 데 있어 트렌드에 대한 분석을 먼저 한다. 여기서 사용하는 트렌드에 대한 정의를 다시 내려 보면 자신과 사회 발전의 상호관계성을 살피면서 현재 존재하는 것에 대한 의미를 부여하는 것이라 할 수 있다. 자신과 미래에 대하여 어느 한 쪽 면으로 치우치지 않고 객관적으로 읽어 내는 것이 지식 사회에서 성공의 중요한 가치가 될 것이다.

따라서 트렌드를 읽는다는 것은 "나의 능력이나 상황을 정확히 인식한 상태에서 미래사회의 변화가 어떻게 진행될지를 알고 그에 대한 대책을 만들어야 하는 것을 의미한다." 그러나 누구든 정확한 트렌드를 읽을 수 있다고 모두 성공하는 것은 아니다. 평범한 사람들은 분명히 다가 올 트렌드를 이미 알고 있지만 미래를 대처하지 않기 때문이다. 이는 개인적으로 성격의 차이에서도 기인하지만 안정적인 현실에 더욱 애착을 가지고 있기 때문에 애써서 힘든 도전을 하지 않기 때문이다.

그러나 리더는 다양한 지식을 습득하기 위하여 항상 노력하는 그야말로 도전이 습관이 된 사람들이다. 따라서 리더는 미래 사회에 대처하는 것은 당연한 일이기에 두려워하지 않고 도전한다. 다만 트렌드를 정확히 읽느냐 못 읽느냐에 따라서 멀티 플레이어로서 성공하느냐 성공하지 못하느냐의 차이가 생긴다. 실제로 성공한 사람들을 보면 자신에 대해서도 정확히 인식할 뿐만 아니라. 트렌드에 대해서도 정확히 분석하고 그에 대한 대처를 위하여 항상 도전하는 리더들이 많다. 그 중에서 '코코 샤넬'은 대표적으로 트렌드를 잘 읽는 리더라고 할 수 있다.

코코 샤넬은 프랑스의 복식 디자이너이자 독일의 첩보원으로 오늘날 세계 최고의 여성 브랜드로 유명한 메종 샤넬의 설립자이다. 코코 샤넬의 본명은 원래 가브리엘 샤넬인데, 코코 샤넬은 가난하던 시절 변두리 술집에서 노래 부르고 하던 시절에 사람들이 부르던 애칭이었는데, 그녀는 죽기 전까지 이 이름을 매우 싫어했다. 그럼에도 살아서도 이 이름으로 세계적인 유명세를 얻은 데다 제품 이름으로까지 쓰였고 죽어서도 이 이름으로 알려진 것이 아이러니하다.

돈을 유흥가에서 흥청망청 날려먹고 가족을 버린 아버지 덕분에 유년기를 수녀원에서 보냈고, 성인이 된 이후에도 자존심과 독립심이 투철하여 평생 남자들에게 도움받기를 꺼려했다.

샤넬은 여성복에 대한 유럽의 전통 코르셋을 많이 이용하던 여성복에 대해 왜 여자들은 비실용적인, 쓸모없는 복장을 고수해야 하는지 회의를 느껴 새로운 옷을 만들기 시작했다. 샤넬은 신사복의 소재를 여성에게 적용하여 스포티하고 심플한 디자인의 현대적 여성복 '샤넬 수트'로 간단하고 입기 편한 옷을 모토로 하는 디자인 활동을 시작하였다. 답답한 속옷이나 장식성이 많은 옷으로부터 여성을 해방하는 실마리를 만들었다. 그야말로 현대 여성복의 시초가 되었으며, 사람들의 욕구의 변화를 예측하여 장식이 생략된 옷의 본체에 브레드나 코드의 테두리를 붙이고, 당시에는 보기 드문 크고 작은 색유리나 크리스탈 글라스의 액세서리를 붙이기도 하였다.

샤넬은 트렌드를 분석하여 여성들이 간단하고 입기 편하며 활동적이고 여성미가 넘치는 샤넬 스타일은 유행의 변천 속에서도 별로 변함 없이 오늘날에도 명품으로 전 세계에서 애용되고 있다. 또, 그녀가 선택한 향수 샤넬 No.5도 유명하다. 마릴린 먼로가 생전에 자기는 이것만 입고(뿌리고) 잔다고 해서 더 유명해졌다.

코코 샤넬이 오늘날 이렇게 리더로 대단한 성공하게 된 근원은 트렌드를 읽고 열심히 노력했다는 것이다. 그녀는 무엇이든 마음만 먹으면 목표를 달성하고 마는 진정한 리더의 근성을 가지고 있다. 그러나 그는 현재의 성공에 안주하지 않고 세상의 트렌드를 정확히 인식하고 그에 대한 철저한 준비로 오늘도 지속적인 성장을 이루어 가고 있다.

리더는 태어나는 것이 아니라 만들어진다

인간의 리더로서의 능력은 역사의 발전과 함께 계속 성장하고 있지만 사회의 급변함 속에서 더욱 진가를 발휘하고 있는 중요한 항목으로 인식되고 있다. 이를 반증이라도 하듯이 대부분의 기업에서는 핵심 인재 즉 조직을 성공적으로 이끌 수 있는 리더를 양성하는 것이 기업의 생존경쟁 문제를 해결할 수 있는 당면과제로 삼고 있다.

따라서 대부분의 기업에서는 교육과 훈련을 통하여 리더로서의 능력을 배양시키기 위하여 다양한 교육과 훈련을 전개해 나가고 있다. 이처럼 대부분의 기업에서 직원들의 리더로서의 능력을 높이려는 이유는 간단하다. 리더로서의 능력 개발을 통하여 개인이나 기업이 고객이 필요로 하는 상품을 개발하거나 상품의 질을 개선하여 기업의 이익을 극대화하고자 하는 것이다.

이처럼 기업들이 직원들의 리더로서의 능력을 향상시키려는 교육 훈련을 강화시키려는 움직임은 결국 리더는 태어나는 것이 아니라 만들어지는 것이라는 것을 의미한다. 따라서 누구든 리더가 되고자 한다면 열심히만 하면 될 수 있다. 이처럼 리더가 되기 위하여 최선을 다해서 리더가 된 사람으로 대표적인 사람 중에 하나가 '아웅산 수지'를 들 수 있다.

아웅산 수지 여사는 1945년 6월 19일 미얀마 독립의 영웅인 아버지 아웅산과 복지부장관 등 고위직을 지낸 어머니 킨치 사이에서 태어났다. 아웅산 장군은 영국의 식민지였던 미얀마를 독립시키는 데 결정적 역할을 해 국민적 영웅으로 추앙받은 인물이다. 그러나 미얀마 독립 2년 만에 정적에 의해 암살당했고, 아웅산 수지는 어머니와 함께 미얀마를 떠나 외국에서 생활했다.

아웅산 수지 여사는 옥스퍼드 대학에 진학하여 철학과 정치학, 경제학을 공부했으며, 영국인 마이클 에리어스와 결혼했다. 아웅산 수지 여사는 어머니가 뇌졸중으로 쓰러지자 병간호를 위해 귀국했다가, 전 국가적 민주화 운동을 무참히 진압하는 군부의 모습을 목격하게 된다. 시위 군중이 모인 가운데 '공포로부터의 자유'라는 제목의 연설을 통해 민주화 투사로 제2의 인생을 시작했다.

아울러 미얀마를 일당통치하던 사회주의계획당에 다원적 민주주의를 받아들일 것을 요구하고, 미얀마 민중들의 요구를 받아들여 야당세력을 망라한 민주주의민족동맹을 창설했다. 그러나 당초 공정한 선거를 치르기로 약속한 미얀마 군부는 계엄령을 선포하고 철권통치를 이어갔으며, 군사정부의 탄압으로 아웅산 수지 여사는 첫 가택연금 조치를 당했다. 이후 미얀마의 군사정부는 서방의 압력에 의해 총선을 실시하여 아웅산 수지 여사가 이끄는 민주주의민족동맹(NLD)이 82퍼센트의 지지를 얻어 압승했다. 그러나 군사 정부는 선거결과를 무효화하고 오히려 지도부 등 당원 수백 명을 투옥하고, 탄압을 가했다.

아웅산 수지 여사는 민주화 운동의 공적을 인정받아 노벨평화상 수상자로 결정됐지만, 평화상 수상식이 열렸을 때, 그녀는 미얀마의 군부독재 세력에 의해 여전히 가택연금 상태에 놓여 있었다. 이후 국제사회의 압력으로 아웅산 수지 여사는 가택연금에서 6년만에 풀려났지만, 남편이 영국에서 암으로 사망하였을 때 다시 돌아오지 못할 것을 우려해 출국을 포기했다. 그리고 2차 연금 조치로 양곤 밖으로의 여행을 금지당하며 총 15년을 가택연금 상태로 지내왔다. 그러나 평범했던 아웅산 수지 여사는 군부에 대항하는 것을 멈추지 않다. 앙웅산 수지는 가택연금에서 해제되어 국회의원 보궐선거에 출마해 하원의원에 당선됐고, 그를 중심으로 하는 민족민주동맹NLD도 재보선 대상 45석 가운데 43석을 차지하는 압승을 거두어 실질적으로 미얀마를 통치하는 여성리더가 되었다.

아웅산 수지는 리더로 자기의 목표를 이루기 위해서는 죽음을 두려워하지 않았다. 평범한 리더였던 아웅산 수지는 자신의 위치에 만족하지 않고 군부의 부당함에 맞서기 시작하였다. 아웅산 수지는 15년간 가택 연금을 당했지만 미얀마를 자유로운 국가로 만들기 위해서 멈추지 않고 자신을 리더로 만든 사람 그가 바로 아웅산 수지인 것이다.

06.

세계가
원하는
우리의 인재

세계 시민교육이란
무엇인가

세계 시민교육은 글로벌 다문화사회에서 시민형성을 왜, 무엇으로, 어떻게 해야 하는가의 문제이다. 교육이란 한 사회에서 함께 잘 살아가는 방법을 학교에서 배우는 과정이고, 글로벌이란 그러한 교육의 범주를 의미한다. 따라서 세계 시민교육이란 나, 이웃, 학교, 지역사회, 지방, 국가, 지역, 세계 차원에서 공존하고 공영하는 방법을 배우는 과정을 일컫는 용어이다. 결국 세계 시민교육 개념화의 핵심은 세계 시민성global citizenship의 성격을 규명하는 일로부터 비롯되는 것이다.

세계 시민성의 개념은 지방과 국가로부터 세계로 확장되어, 닫힌

국가 사회에 대한 충성심을 전 세계를 향하여 열 것을 요구한다. 모든 사람들이 함께 공존하고 공영하는 지구촌 시대의 시민성은 인간을 향한 열정, 존중, 관심, 호기심, 보존 등의 개념을 포함한다. 요컨대 세계 시민교육은 학생들이 오늘날 세계에서의 국가 간 상호의존성을 이해하고, 다른 국가에 대한 태도를 명료화하며, 세계 공동체에서 성찰적 정체성을 발전시켜 나가도록 도와주는 것을 주요 교육 목표로 삼아야 한다. 자아로부터 사회와 국가, 세계 차원으로 정체성의 영역을 넓혀 함양하는 것이 세계 시민성의 기본 요건이다.

그런데 이때 문제가 되는 것이 바로 세계 시민성의 다차원성 혹은 중첩성이다. 각 차원이 가진 특성에 의해 발생하는 갈등 양상이 시민성 간에도 발생할 수 있다는 견해가 그것이다. 그러나 지방 시민성, 국가 시민성, 지역 시민성, 세계 시민성 사이에는 긴장 관계가 전혀 필요하지 않다. 세계 시민교육은 각 개인들에게 국가 시민성을 거부하라고 요구하지 않으며, 또한 차원을 낮추라고 요구하지도 않는다. 세계 시민교육은 학습자들에게 현재 발생하는 즉각적인 상황과 세계 상황을 연계지을 것을 요구한다. 결국 세계 시민교육은 총체로서의 시민성 학습을 포함하는 개념이라고 할 수 있다. 말하자면, 다른 맥락에서의 경험을 한 개인들은 다른 국가 정체성을 가질 수도 있으며, 이것은 세계 시민성에 영향을 주는 세계 정체성과 상충되지 않는다는 의미이다.

"뱅크스에 따르면 문화, 국가, 세계 정체성은 상호작용적이며 별개의 것이 아니다. 비성찰적이며 검토되지 않은 문화적 연대감은 명료하게 규정된 국가목표와 정책을 가진 응집력 있는 국가로의 발전을 저해할 것이다. 우리가 학생들로 하여금 성찰적이고 명료한 문화 정체성을 갖도록 도울 필요가 있지만, 학생들도 자신의 국가정체성을 명료화하도록 도움을 받아야 한다. 그러나 맹목적인 민족주의는 학생들이 성찰적이고 긍정적인 세계 정체성을 배양하지 못하도록 할 것이다. 대부분의 국가에서 민족주의와 국가적 연대감은 강력하고 완고하다. 시민교육의 중요한 목표는 학생들의 세계 정체성의 개발을 돕는 것이다. 또한 학생들은 세계의 난제 해결을 돕기 위해 세계 공동체의 시민으로서의 행동 필요성에 대해 깊은 이해를 할 수 있어야 한다. 문화, 국가, 세계 경험과 정체성은 역동적으로 상호작용하며 연관되어 있다."

위에서 언급된 정체성이 인간의 자아 정향orientation을 결정하는 요소라면, 시민성은 관계 정향을 결정하는 요소로 볼 수 있다. 즉 정체성은 시민성의 구성 요소로 여겨질 수 있는 것이다. 다시 말해 문화 정체성이란 개인의 자아와 지방, 종족 정향 시민성이며, 국가 정체성은 민족과 국민국가의 정향 시민성이고, 세계 정체성은 지역 및 세계 정향 시민성을 구성한다는 의미이다. 이러한 논리로 볼 때, 세계 시민성이란 문화, 국가, 세계 정체성의 융화에 의한 총체적 시민 정향으로 볼 수 있다. 이들은 글로벌 다문화사회에서 상호 연계되어 보완하는 관계 위주로 나타난다. 민족주의와 국가주의에 의한 정체성의 일방적인 강요된 희생 혹은 남용 현상은 더 이상 가치를 가질 수 없는 것이 소통의 극대화 구조로 이루어진 글로벌 시대의 특성이다. 세계 시민성을 고려하지 않는다면 국가 시민성 혹은 개별 시민성 역시도 경쟁력을 상실할 수밖에 없다. 각각의 정체성 차원은 개방된 협력 구조 속에서 각각의 의미를 획득할 수 있는 시대가 도래했다고 볼 수 있다.

세계 교육의 연구대상·현상에 관한 논의는 무엇, 즉 내용 요소에 관한 것이다. 연구대상으로써 세계화의 특성을 살펴보면, 초국적 기업에 의한 글로벌 경제의 증가, 뉴미디어 소통 체계의 등장으로 인한 생산, 무역, 이념과 문화 가치의 혁신적 변화, 지역 경제의 융합, 높은 수준의 인구 이동과 교류, 초국적 제도와 합법적인 정치경제 관계의 규제, 상호의존의 복합 패턴 등으로 규정지을 수 있다. 글로벌 경제, 문화, 교류, 제도, 정치, 복합적 요소들이 세계 교육의 연구 영역이며 내용 요소이다. 이러한 요소들을 학생들이 세계 시민으로 성장하기 위해서 배워야 할 커다란 주제로 환원해 생각해 보면, 지구위원회가 발표한 지구헌장 네 가지, 첫째, 공동체 생활을 존중하고 관심 가지기, 둘째, 생태적 통합, 셋째, 사회 경제적 정의, 넷째, 민주주의, 비폭력, 평화 등으로 정리할 수 있다.

좀 더 자세히 정리해 보자면, 세계 교육을 받은 교양 있는 시민들은 지방 공동체와 세계 수준에서 스스로의 정체성에 대해 확신을 가져야 하고, 평화와 인권, 민주주의를 위해서 기여할 수 있어야 한다.

세계 시민성을 기르기 위한 다양한 영역에서의 참여학습은 "다른 사람의 발전을 통하여 나의 발전을 모색한다"는 원칙에 따라 실천되어야 한다. 글로벌 다문화사회는 다양성과 역동성이라는 두 가지 축으로 특성으로 삼는다. 광역과 협역 차원에서 보자면, 동일한 공간과 장소에 여러 가지 문화가 공존하면 서로 다른 생활 양식과 준거 가치가 함께 작동하여 일상을 유지해 나가게 된다. 바로 여기서 상호 이해 우선이냐 통합 우선이냐의 문제가 발생한다. 이해 우선이란 글로벌 다문화 현상을 인정하고 새로운 질서에 관한 지식 구축을 허용하여 통합에 도달하려는 일종의 노력이며, 통합 우선이란 기존의 주류 지식에 따라 다문화를 해석하여 중심 문화에 복속시키려는 시도의 하나이다. 어느 것이나 문제는 있으나 '다른 것'을 인정하는 방식을 취해야만 나와 다른 사람의 공존이 가능하다는 민주적 원리가 해결의 중심 잣대가 되어야 할 것이다. 국가별 다문화 양상에 따라 이해와 통합의 순차적 혼합 방식이 세계 교육에 적용되어야 하되, 그 원칙은 형평주의에 근거해야 한다는 의미이다. 세계 교육은 결국 글로벌 공정성의 추구와 실현이기 때문이다.

요컨대, 세계시민교육Global Citizenship Education, GCE은 인류보편적 가치인 세계 평화, 인권, 문화다양성 등에 대해 폭넓게 이해하고 실천하는 책임 있는 시민을 양성하는 교육이다. 2015 세계교육포럼 개최를 계기로 지속가능발전목표 시대의 새로운 국제 교육의제로 부상하였으며, 2030년까지 유네스코 및 유엔의 교육발전목표에 반영되었다. 세계시민교육은 빈곤, 인권, 환경, 평화 등의 글로벌 이슈에 관해 배우고 이를 통해 우리가 살고 있는 지구마을 사람들에 대한 공감력을 높이고 세계시민으로서 공동의 문제를 해결하며 더 나은 세계를 만들어 가기 위한 역할의식과 책임의식을 갖게 한다.

결국, 21세기는 지구온난화와 생태환경의 위기로 지구온난화와 생태계 문제, 전쟁과 빈곤, 기아의 문제/세계시민GLOBAL CITIZENSHIP으로서 지구공동체적 관점에서 사고와 행동할 수 있는 태도를 길러줘야 한다.

세계 시민성의 철학적 가치

민주주의 시민교육에서 '좋은 시민성'은 자유와 평등이라는 신조 가치와 관련되어 있다. 자유로우면서 평등한 사회를 만들어낼 수 있는 시민성이 좋음에 이를 수 있으며 정의에 근접할 수 있다. 그런데 민주주의는 본질인 정의와 불의를 동시에 내포하는 불안정성을 갖고 있다. 자유와 평등을 보장하려는 민주적 절차가 실행되는 순간, 소수의 자유와 평등은 훼손되게 마련이다.

지금부터는, 시민성의 철학에서 개인과 자유를 우선하는 자유주의와 사회와 평등에 가치를 두어야 한다는 공동체주의는 민주주의의 불안정성을 해소하기 어려운 계보를 형성해 왔다는 논의를 전개하고자 한다. 개인과 사회 혹은 자유와 평등의 한 축에서 접근하면 자유와 평등의 긴장 관계는 필연적으로 발생할 수밖에 없다. 이런 쟁점을 문화 속에서 발현되는 정체성의 정향으로 풀어나가려는 철학이 다문화주의이다. 자유와 우정과 사랑을 확장시켜 다수와 소수가 모두 자유와 평등에 합당하게 다가서게 하는 다문화주의는 문화와 정체성의 정향에서 비롯되는 다양성, 포용성, 변환성의 시민교육 논리를 사회과에 제공함으로써 민주주의가 노정하는 현실의 한계를 가능성으로 바꿔 준다. 그렇다면 니체의 계보학적 아이디어로부터 접근해 보자.

"우리는 우리에게 알려져 있지 않다. 우리를 인식하는 자들도 우리 자신을 알지 못한다. 여기에는 그럴 만한 이유가 있다. 우리는 결코 우리를 탐구한 일이 없다. 우리가 어느 날 우리를 찾는 일이 어떻게 당연히 생길 수 있는가?"

민주주의의 계보학에서 중심이 되는 신조 가치는 자유와 평등이다. 자유로우면서 평등한 유토피아가 가장 좋은 사회이며, 이처럼 민주적 가치가 구현되는 좋은 사회에 적합한 시민성을 지향하고 그곳에 이르는 방법을 안내하는 시민교육을 학교 교육과정에서 실행하는 것이 사회과교육이다. 전통적으로 자유와 평등에 이르는 길은 자유주의와 공동체주의가 안내하여왔다. 자유주의는 개인의 자유를 기초로 평등을 이야기하며, 공동체주의는 공동체의 덕을 통하여 자유와 평등을 추구한다. 자유와 덕은 아름다운 유토피아로서 민주주의 사회를 지향하는 시민성이 되는 것이다. 여기서 중요한 문제는, 자유주의는 '개인의 사회'를 강조하고, 공동체주의는 '사회의 개인'을 주장한다는 점이다. 자유는 개인을 우선하며, 덕은 사회 혹은 공동체를 우선한다는 말이다. 따라서 개인으로 경사진 자유와 평등, 공동체로 기울어진 자유와 평등의 관점이 성립된다. 개인의 자유를 강조하면 민주주의에 합당한지, 공동체의 덕을 가져오면 민주주의가 정당하게 운영되는지에 관한 문제이다. 이런 점에서 사회과교육의 시민성에 관한 시원적 논점으로 자유와 덕, 혹은 자유주의와 공동체주의의 양립성이 제기될 수 있다.

주목해야 할 것은 자유주의와 공동체주의의 오랜 논쟁 가운데 다문화주의가 등장하였다는 점이다. 다문화주의는 문화 정체성의 동등한 인정의 관점에서 자유와 평등을 재해석한다. 이것은 형평성을 토대로 자유와 평등이 추구되어야 민주주의가 지향하는 자유로우면서 평등한 유토피아에 도달할 수 있다는 주장이다. 다문화주의는 이미 그려진 '개인의 사회'와 '사회의 개인'을 넘어 '개인과 집단, 사회'를 본다. 자유는 개인 전유적 속성을 가졌으며, 덕은 공동체 귀속적 성격을 지녔음에 비하여, 정체성은 모두를 위한 포용성을 갖고 있다. 이에 대하여 자유주의는 다문화주의의 문화적 속성에 기초한 정체성을 집단 중심성으로 보고 문화집단 내 개인의 자유 침해 문제를 제기한다. 공동체주의는 문화와 정체성의 차이 인정에 관용적 태도를 취하면서 다문화주의 친화적 경향을 보인다. 하지만 문화적 원심력이 공동체의 연대와 통합을 저해할까 우려한다. 이런 상황에서 정체성의 시민사회로의 전면화는 자유와 덕이 만들어 놓은 경계를 넘나들면서 새로운 문화적 가치들을 지어내고 있기 때문에 민주주의 신조 가치로서 자유와 평등에 관한 재구성 논의가 불가피한 것이 현실이다.

민주주의는 우리들이 추구해야 할 더 좋은 것이 있다는 전제를 갖기 때문에 피상적인 상대주의로 흐르지 않는다. 여기서 더 좋은 것은 민주주의가 인간의 오류 가능성을 전제할 때 완결될 수 없고, 현실의 과정 속에서 나타난다는 점에서 획일적 질서를 지닌 절대주의로 기울지 않는다는 것이다. 민주주의의 성공과 제도의 지속, 이상의 실현은 자유롭게 권리를 향유하는 자들로서의 시민에게 요구되는 의무이므로 전적으로 그들의 능력과 의지에 달려 있다. 이들 시민을 형성하는 지식, 기능, 가치, 신념은 교육되는 것이다.

민주주의 사회에서 시민은 세 가지 시민권을 향유하는 사람들이다. 마샬은 시민권의 구성 요소를 발달 및 형성 시기별로 시민적, 정치적, 사회적 요소로 구분한다. 시민적 요소는 개인의 자유, 개인의 자유와 직접적으로 연관된 법의 지배와 사법제도로 구성되며, 정치적 요소는 정치권력에 참여할 수 있는 권리로서 주로 입법 제도와 관련된 권리들로 이루어지고, 사회적 요소는 사회생활의 일반적인 규준과 사회적 유산에 관한 권리로 구성된다. 그러나 모든 시민이 시민권을 동등하게 행사하고 누리는 것은 아니다. 기본적으로 시민은 자유롭고 동등한 대우를 받으며 시민 생활에 참여할 수 있으나 의지에 따라 참여의 수준과 정도는 달라진다.

시민은 정치 참여도에 따라 네 가지로 구분될 수 있다. 정치에 관심을 가진 자와 가지지 않은 자로 구분되고, 정치에 관심을 가진 자는 권력에 관심을 가진 자와 그렇지 않은 자로 나뉜다. 또한 권력에 관심을 가진 자는 권력을 획득한 자와 권력을 획득하지는 못했지만 추구하는 자로 구분된다. 결국 시민의 스펙트럼은 정치적 무관심층, 정치적 관심층, 권력 추구자, 권력자로 나타난다. 따라서 모든 시민이 동일한 자격을 갖고는 있으나 동일한 의미를 가진 시민이 되지는 않는다. 시민적 요소만을 중시하는 시민은 정치적 무관심이거나 옅은 관심층이고, 정치적 요소까지 고려하는 시민은 짙은 관심층과 권력 추구자 수준의 참여를 할 것이며, 사회적 요소를 포괄하는 권리를 행사하는 시민은 권력 추구자이거나 권력자이므로 사회적 진리판단 기준에 대한 의지를 갖고 적극적 실행에 나설 것이다.

이렇듯 민주주의 사회 시민들의 모습은 다양하다. 그것은 각각의 사람들이 처한 상황과 신념에 따라 다른 형태의 시민성을 형성하고 있기 때문이다. 시민성은 심도에 따라 네 가지로 분류할 수 있다. 시민으로서 권리와 의무를 가지고 있으나 국민국가의 정치 체계에 의미 있는 방식으로 참여하지 않는 법적 시민성, 지방 선거와 주요 후보자들의 선출과 쟁점에 관심을 갖는 최소 시민성, 정치사회구조의 틀 안에서 경쟁적 쟁점과 개혁에 관여하거나 시위에 참여하는 능동 시민성, 기존의 법과 관습을 넘어서는 가치, 도덕적 원칙, 이념을 추구하기 위해 행동하는 변환 시민성이 그것이다. 중첩적이기는 하나 시민권의 확보와 행사에 주목하는 자유주의자들은 법적-최소 시민성, 사회적 자원과 가치의 분배를 중시하는 공동체주의자들은 최소-능동 시민성, 차이와 정체성의 인정을 요구하는 다문화주의자들은 능동-변환 시민성에 관심을 보이고 추구할 가능성이 클 것이다.

세계 시민교육의 방향

세계적으로 많은 다문화주의 정책들 때문에 선진국들이 잇달아 다문화주의를 포기하고 다문화주의의 가치와 성과를 의심하게 하는 사건들이 일어나고 있다. 이것은 다문화주의를 사회 통합 정책의 일환으로 생각하는 국가에서 나타나는 현상이다. 이념으로서의 다문화주의와 소수자 인정으로서의 다문화주의를 정책으로서의 다문화주의와 병행하면 민주주의 헌정체제 국가에서 다문화주의는 새로운 사회 구성 논리로서 합당하게 실행될 가능성이 높다. 우리나라의 경우 소수문화집단 분리와 소수자 통합의 소극적 다문화주의를 지향하는 정책 경향이 강하지만 다문화주의 적용의 초기 단계이므로 굳이 실패하거나 철회되는 선행 다문화주의 적용 국가 사례를 따라갈 필요는 없을 것이다.

철학적으로 자유주의 관점의 다문화주의와 공동체주의 관점의 다문화주의가 성립 불가한 것은 아니다. 하지만 자유주의적 다문화주의 입장에서 자유주의의 동등한 기회 보장에 의한 가치 배분과 최소 수혜자에 대한 최대 이득이라는 논지가 사회적 소수자를 배려하는 다문화주의와 양립할 수 있는 것처럼 보여도, 이것은 결국 개인의 자유가 우선이라는 논지에 의해 형태화되므로 다문화주의가 주장하는 소수자에 대한 결과의 평등까지는 이르지 못하는 빈곤한 논리이다. 또한 공동체주의는 집단의 문화적 특수성을 인정하여 다문화주의와 맞닿아 있다는 점에서 공동체주의적 다문화주의는 가능하다. 그러나 공동체주의는 공동체 혹은 집단 우선성에 집착한다는 점에서 다문화주의와 결별한다. 문화란 개체적이면서도 총체적 의미를 가진다는 점에서 다문화주의는 공동체주의보다 이론적으로 풍요롭다.

이것을 달리 생각하면, 자유주의 혹은 공동체주의 전통을 가진 주류문화집단이 지속적으로 우월적 지위에 있는 국가에서는 다문화주의 정책 노선이 불편할 수도 있다는 논거이다. 다문화주의에서 주장하는 문화 정체성의 인정과 소수자들의 동등한 자아실현 기회 보장, 결과의 평등 지향과 같은 사실상 민주주의 신조 가치와 일치하는 의제들은 기존의 다수자 집단과 다수자들이 보기에 분배적 정의의 위반, 사회 통합과 연대의 침해 등으로 여겨질 수 있다. 다문화주의가 민주적 형평주의와 일관된 논지를 갖고 있다는 점이 국민국가 내부의 정주 사회와 이주 사회에 모두 알려지고 실행될 경우 이를 조정하거나 감당할 정책적·사회적 역량이 아직 성숙해 있지 않다는 것으로 판단할 수 있다.

마찬가지로 사회적 효율성을 교과 모토로 삼고 있는 사회과에서 다문화주의 시민교육은 전면 실행이 어렵다. 한국인 남성과 외국인 여성으로 이루어진 결혼 이민자 가정 자녀를 중심으로 제한적인 수준에서 이해와 통합의 다문화주의 시민교육이 적용되는 것이 현실이다. 외국인 근로자 가정 자녀들은 사실상 사회과 시민교육의 사각지대에 놓여 있으며, 북한 이탈 주민 가정 자녀들은 북한 정체성으로 인하여 한국 사회에서 겉돌고 있는 실정이다. 이런 상황에서 정주 사회의 사회적 소수자들로서의 젠더와 여성, 빈곤층, 지역, 병역, 장애인 집단과 구성원들에 대한 다문화주의 논리에 기반을 둔 사회과 시민교육을 실행하기에는 더욱 역부족이다. 따라서 현재의 부분 실행 수준을 점차 확대하여 다문화가정 자녀들에 대한 전반적으로 동등한 다문화주의 시민교육을 적용하면서, 새롭게 등장하고 있는 소수자들을 포용하는 단계까지 확장해 나가는 것이 합리적이라 생각한다.

정의롭지만 차가운 자유, 따뜻하지만 완고한 덕에 비하여 문화는 정의롭고 따뜻하며 동등하다. 자유주의와 공동체주의보다 다문화주의가 가치 배분, 사회 통합, 정체성 인정 차원에서 민주주의 헌정체제의 정교화 논리로 적합한 이유는 정의롭고 포용력을 갖추었기 때문이다. 한국 사회는 글로벌로 인한 다문화사회로 이행되어 가는 전환기를 지나고 있다. 현재 진행 중인 다문화주의에 대한 논의가 자유주의와 공동체주의 관점에서 비판적으로 사유되기보다는 다문화주의 그 자체의 논리를 합당하게 비판하는 관점이 필요한 시기이다. 적어도 한국 사회에서 다문화화를 기존의 자유주의와 공동체주의로 접근한다는 것은 새로운 사회 현상에 대한 이해와 좋은 사회 구성 논리의 도입 기회를 무의식 혹은 과의식적으로 외면하는 우를 범할 수도 있다는 점에서 재성찰되어야 할 부분이다.

21세기 이주 시대의 시민교육은 글로벌 다문화 현상을 구성적으로 해석하기 위한 이론이 필요하다. 다문화사회의 도래는 민주주의와 민주시민에 대한 재해석을 다른 차원에서 가능하게 해주는 다문화주의 담론을 형성시키고 있다. 다문화주의는 이주소수집단의 소수자들로부터 주류다수집단 내의 또 다른 소수자에 이르기까지 모두의 정체성 인정을 주장하면서 시민적 자유의 확대, 동등한 가치의 배분, 국민국가의 적정 통합에 기여하는 이론적 정체성을 갖고 있다. 그러므로 다문화주의 시민교육은 형평주의를 구현하여 국내와 국제사회의 변화에 합당하게 대응하는 문화 시민을 형성시키는 교육 논리로 실행될 수 있는 것이다.

다문화주의의 정체성

인간은 지각된 것의 실재에 맞추어 행동하며, 문화로부터 독립되어 존재하는 '있는 그대로의' 실재란 없다. 실재를 지각하고 그것을 조직하는 수많은 방식은 각 문화마다 특수한 것으로 인류 공통의 보편적인 것이 아니다. 따라서 다문화란 실재를 지각하는 문화 렌즈의 많음을 의미하며, 다문화사회를 규정하는 철학적 논리로서 다문화주의는 실재의 문화 구속성에 주목하여 인간의 다양성을 문화적 양상으로 인정해야 한다는 것으로 볼 수 있다.

이처럼 다문화주의가 문화 다양성에 대한 인식을 주장한다는 점에서는 공통된 동의가 존재하지만 어떤 관점에서 다문화주의에 접근하는가에 따라 여러 가지 정의가 나타날 수 있다. 문화 다양성에 대한 해석과 실현 과정은 역설적이지만 국민국가라는 경계와 연계된 글로벌 상황에 따라 달라질 수 있는 것이다. 여기서는 이념으로서의 다문화주의, 정책으로서의 다문화주의, 소수자 인정으로서의 다문화주의로 나누어 정의하고 이론적인 쟁점을 도출하기로 한다.

첫째, 이념으로서의 다문화주의는 다원적 사회의 젠더, 종족, 인종, 문화 다양성을 전제하는 철학으로서의 위상과 교육적 동등성을 추구하려는 사회개혁운동으로 볼 수 있다. 다문화주의는 민주주의 헌정체제가 지향하는 자유와 평등의 구체적 실현이라는 관점에서 종족적, 문화적 다양성을 확보하고 향상시켜 나가려는 이념으로 정의할 수 있다. 이러한 민주주의 정교화 원리로서의 다문화주의는 문화 다양성의 동등하고도 자유로운 보장을 자유주의란 명분으로 해석하여 우월 주류집단 문화로의 동화주의에 빠질 수 있다. 또한 다문화라는 이름으로 또 다른 경계를 만들어서 사회적 연대를 침해할 수 있으며, 사회적·경제적 불평등을 은폐하거나 개인성을 침해할 가능성도 있다. 정치사회인 구조적인 문제점들을 소수문화집단 자체의 문제로 전가하여 다수자와의 경계 짓기와 소수자들의 인권 침해를 초래할 수 있는 것이다.

둘째, 문화 다양성 문제에 대하여 국민국가가 대응하는 정책으로서의 다문화주의는 호주, 캐나다 등에서 주로 발전된 방식이다. 민족적 다양성을 인정하고 개인들이 자신의 고유한 문화를 유지할 수 있도록 보장하는 것이 헌법 원리와 사회의 이념과 합치하며, 사회적 갈등을 감소시키는 데 도움이 된다는 생각이다. 문화적 다양성과 사회적 통합을 조화시키려는 시도라고 할 수 있다. 이것은 현실적인 정치적 이유에 의해서 다문화주의가 등장했다는 견해이다. 정치사회적 관점에서 다문화주의에 대한 논의는 필수적이며, 다문화주의는 소수자들의 사회적, 문화적, 언어적, 종교적 실천 기제와 관련되어 있으므로 공공정책에의 적용 차원에서 접근해야 한다는 논리이다. 이때 다문화주의는 좁은 의미에서 이주 문제에 대한 적절한 해법을 모색하려는 시도라고 볼 수 있으며, 넓은 의미에서 현대 사회가 평등한 문화적, 정치적 지위를 가진 상이한 문화집단을 끌어안을 수 있어야 한다는 믿음으로 정의할 수 있다. 이러한 입장에서 다문화주의를 규정해 나갈 경우의 문제는 국내와 국제사회의 정치사회적 환경 변화에 따라 언제든지 다문화주의에 대한 정의와 관점이 달라질 수 있다는 것이다. 다문화주의는 철학이나 이론이라기보다 필요에 따라 활용되는 정치적 도구가 될 가능성이 큰 것이다.

셋째, 소수자 인정으로서의 다문화주의는 다양한 문화 주체로서의 소수자의 특별한 삶의 자유와 권리 보장을 위한 정체성의 정치, 혹은 정체성 인정의 정치를 뜻하는 것으로 규정할 수 있다. 소수집단의 문화 정체성을 존중한다는 것은 달리 보면 그 집단은 다른 사람들에 대해 배타적일 수 있다는 뜻이다. 각 집단마다 배타성이 없으면 그 집단은 자기 정체성을 유지하기 어렵다. 각 집단마다 보다 우월한 정치적 발언권을 가지려 하고 그럴수록 자기 정체성을 굳건히 방어하려 한다. 따라서 문화 정체성의 형성은 집단 간 투쟁의 결과로 볼 수 있다. 이런 관점에서 다문화주의를 정의하면 문화적 원심력에 의해 국가 통합과 사회적 연대 의식이 약화되거나 극단적일 경우 분리 운동의 논거를 제공할 수도 있다. 또한 소수집단의 결속력을 강조한 나머지 집단 내부의 개인의 자유가 침해될 가능성도 있다. 인정의 정치가 자기집단 우월주의 혹은 배타적 독립주의, 개인성의 경시 등의 부작용을 낳을 수도 있는 것이다.

위와 같이 다문화주의는 자유와 평등의 동등한 실현 공정성과 형평성의 실제적 구현, 문화적 권리의 구체적 보장, 사회적 소수자들에 대한 적극적 관용, 문화집단 간의 소통과 평화적 공존을 강조하는 철학적 기반을 갖고 있다. 그러나 다문화주의 정의에 대한 비판적 검토에서 알 수 있듯 소수집단 내부의 소수자로서의 개인, 사회적 통합과 연대, 다문화 정체성의 인정이라는 측면에서는 언제든지 이론적 차원의 쟁점과 현실적 문제들이 나타날 수 있다. 특히 소수자의 개체성에 관하여는 자유주의, 사회적 통합은 공동체주의, 문화 정체성은 자유주의와 공동체주의 관점에서의 문제 제기가 가능하다.

자유주의는 노직의 말대로 어떠한 사회적 실체도 없으며 오직 구체적인 개인만이 있을 뿐이며, 따라서 어떤 형태의 공동체적 공유는 있을 수 없고 절대적인 자율성을 가진 개인만이 존재한다고 주장한다. 이러한 원칙은 롤스에 의해 약간의 수정을 거쳤으나 여전히 자유주의의 본질은 개체성에 근거한 자유의 우선성이다. 롤스는 사회적 기본 가치들의 분배 원칙은 자연 상태와 유사한 원초적 입장과 무지의 베일 속에서 합당하게 도출된 정의의 원칙들에 의해서 이루어지면 공정하다고 본다. 제1원칙은 개인들은 자유적 체계와 그에 양립할 수 있는 모든 사람들의 체계에서 동등한 기본적 자유를 위한 평등한 권리를 가져야 한다는 것이며, 제2원칙은 사회경제적 불평등은 최소 수혜자에게 최대 이익이 되며, 모든 사람들이 공평한 기회균등의 조건 아래 개방된 직책과 지위에 접근할 수 있도록 조정되어야 한다는 것이다. 이러한 정의의 원칙들은 자유의 우선성 원칙과 효율성과 복지에 대한 정의의 우선성 규칙에 의해서 축차적으로 서열화된다.

즉 롤스의 불평등은 최소 수혜자에게 최대 이득이 되는 범위 내에서 허용된다는 아이디어에 의해 자유주의가 공동체주의적인 공유된 자원의 분배 요소를 가지기는 했으나 언제나 개인의 자유가 우선되어야 하고 자유는 동등한 기회보다 선행한다는 자유주의의 본질은 그대로 유지된다. 비록 개인들의 자기 결정과 합당한 선택에 의한 동등한 기회를 보장하여 절차적인 분배적 정의를 실현했다 하더라도 여전히 자연적 재능과 사회적 환경의 차이 문제는 남는 것이다. 차등원칙에 의해서 자연적 운에 의한 보상을 최소 수혜자의 기대를 충족시키는 것으로 정당화할 수는 있어도 이것이 도덕적 임의성에서 연유하는 동등한 기회의 불안정성을 보완하지는 못한다. 결국 개인의 자유에 바탕을 둔 자기 결정과 합당한 선택이 가장 중요한 사회적 가치들의 배분 원칙으로 작동하게 되는 것이다.

　이러한 자유주의 관점에서 보면 다문화주의의 한계는 분명하다. 다문화주의는 소수문화집단의 권리를 강조하므로 소수집단 내에 존재하는 또 다른 소수자들인 여성, 어린이, 인종, 종족에 대한 차별을 묵인하거나 정당화하는 논리로 작용할 수 있다. 소수집단에의 몰입은 자유주의가 주장하는 개인의 자기결정권과 합리적인 선택에 의한 행동의 자유를 침해할 수 있으므로 다문화주의는 자유주의와 결별할 수밖에 없다는 논리가 성립될 수 있는 것이다. 자유주의자들이 보기에 다문화주의의 집단 자율성 존중은 소수집단 내부의 소수자로서의 개인 자율성에 대한 심각한 침해 요인이 될 수 있으며, 실질적인 문화 정체성에 대한 인정은 개인적 차원의 동등한 기회 보장 원칙에 어긋나는 것이다. 즉 아이러니하게도 다문화주의는 가치 배분에 있어서 불공정한 차별의 논리로 여겨질 수 있는 것이다.

　공동체주의의 연원은 자유주의보다 깊지만, 최근 공동체주의에 대한 논의는 자유주의 비판으로부터 철학적 이론으로서의 실체를 담지하고 있다. 먼저 공동체주의는 자유주의가 개인과 사회의 관계를 잘못 이해하고 있다고 비판한다. 자유주의는 개인들이 살아가고 사회가 개인들이 가지고 있는 가치와 개인들 자체까지도 규정한다는 점을 무시한다는 것이다. 개인은 사회적 정체성의 소유자로서 환경에 접하고 있으며, 따라서 공동체주의의 보편선으로서의 덕은 개인들의 선호에 의한 선들을 평가하는 준거가 되어 공동체의 생활방식을 규정하는 실질적인 선에 대한 개념으로 간주된다. 자유주의자들이 주장하는 개인의 자율성이나 자기 결정, 합당한 선택, 정의의 원칙들을 만들어내는 직관적 성격의 원초적 입장이나 무지의 베일 등은 공동체의 질서 체계 속에서 비로소 역사적, 공간적 유용성과 의미를 획득한다는 논리이다.

국가사회적인 공동체의 성격에 대하여 자유주의자는 비완벽적인 중립성을 주장하며 개인의 자유가 우선하는 얕은 공동체만을 용납하고자 한다. 왜냐하면 공동의 합의가 총체적 선의 수준까지는 침투하지 않기 때문이다. 이에 반해서 공동체주의자에게 있어서는 인간적 선에 대한 공유된 입장에 의해 정보의 지침이 주어지는 공동체가 진정한 인간의 자아실현을 위해 필수적으로 보는 깊은 공동체를 주장한다. 중립적인 최소국가보다는 사랑과 우정 같은 덕에 의한 공동체의 질서 체계 개입을 선호하는 것이 공동체주의이다. 공동체주의는 가상의 절차에 의해 생성된 정의의 원칙에 의한 가치 배분은 불완전하며, 전통적으로 공유되어 온 덕의 실행에 의해 사회 통합과 연대에 도달하는 것이 모든 사람들에게 좋음을 제공할 수 있다는 주장을 편다.

공동체주의는 자유주의보다 다문화주의와 가깝다. 자유주의는 절차적 정당성을 획득한 결론이 다른 방식으로 조직된 사회에의 적합성 여부를 가리지 않고 교차문화적으로, 도덕적으로 정당하다고 판단한다. 자유주의자들의 정의는 어떤 사회에서도 적용 가능하다는 것이다. 이에 대해 공동체주의는 다른 문화에는 다른 가치가 적용될 수 있다고 보며, 따라서 자유주의는 문화적 특수성에 주의를 기울이는 데 실패했다고 말한다. 그러나 여기서 공동체주의의 문화적 특수성 인정이란 공동체의 연대와 통합 의식에 기여한다는 전제에 의해 제한된다. 다문화주의의 소수자들의 문화 정체성 권리 주장과는 질적 수준에서 차이가 나는 것이다. 공동체주의가 다문화주의와 마찬가지로 문화상대주의 입장을 표명하고 있으나 그것은 공동체 간의 문제이고, 공동체 내부의 다문화로 인한 균열에는 반대한다. 따라서 국민국가 내의 소수집단과 소수자들의 문화적 권리 인정에는 소극적일 수밖에 없다. 공동체주의에서의 다문화는 사회적 통합을 지향하는 덕에 의해 규정되는 것이다.

이처럼 자유주의와 공동체주의는 다문화주의가 주장하는 문화 정체성의 인정과 소수자들의 실질적 동등성 보장에 비판적 입장을 갖고 있다. 자유주의는 소수문화집단의 정체성 인정이 개인의 자기 결정권과 자율성을 침해할 수 있다고 보며, 공동체주의는 정치 공동체에서 다수의 의견을 중심으로 한 일체감 형성을 강조하는 경향으로 인하여 소수자들의 문화 정체성 인정에 소극적이다. 이에 대한 다문화주의의 주요 논점은 문화의 집단화 속성이 소수집단 내부의 소수자들의 개체성을 침해하는가의 문제와 문화 정체성의 적극 인정이 과연 국민국가라는 정치 공동체의 통합과 연대에 불안정 요소를 제공하는가의 문제이다. 먼저 자유주의와 공동체주의의 다문화주의 비판 논점이 정당한 이론적 진영을 현실 세계에 구현해 내기에 충분한가의 문제부터 살펴보기로 한다. 자유주의와 공동체주의가 자체 논리로부터 다문화주의를 온전히 비판할 수 있는가를 알아야 다문화주의의 이론적 정체성에 접근할 수 있기 때문이다.

역설적이지만 자유주의는 본래의 주장과는 달리 사회적 강자들의 문화를 우월적인 것으로 용인하는 결과를 초래하며 그들의 집합체인 주류 문화집단의 연대를 강화시켜 준다. 사실상 어디서나 개체성의 침해가 실제로 일어남에도 불구하고 자유주의는 이것을 외면하는 이론적 약점을 갖고 있다. 자유의 우선성 논리에 의해 사회적 강자들이 '그들만의 진리 판단 기준'을 가지고 내부적 연대와 통합을 지속시켜 나가면 반사적으로 소수문화집단들의 결속이 가속화, 심화되는 것은 자연스러운 현상이다. 결국 자유주의의 다문화주의 비판의 주요 논점인 소수집단 내부의 소수자들의 자유 혹은 개체성 침해가 자유주의에 의해 실제로 발생한다는 역비판에 처하게 되는 것이다. 또한 현실 세계에서는 사회적 통합과 연대에 균열을 초래하는 중요한 요인이 사회적 강자의 논리가 통용되는 자유주의 적용 과정에서 드러나는 것이다.

위의 논리는 공동체주의에도 유사하게 적용될 수 있다. 사랑과 우정으로 뭉쳐진 전통적 덕의 사회는 견고하다. 문제가 되는 것은 역사문화적으로 공동체 내부의 덕을 규정해 온 다수 우월집단과 그 속의 개인들은 언제든지 현실 세계에서 독과점적 기득권을 행사할 가능성이 여타의 소수집단이나 그 속의 개인들보다 크다는 점이다. 따라서 전통적으로 존재하는 다수 우월집단의 '그들만의 진리 판단 기준'에 의해 공동체의 소수집단, 혹은 공동체 구성원으로서의 소수자들은 타자화되어 주변부에 머무르는 차별을 감내할 수밖에 없는 것이다. 이런 점에서 공동체주의가 아무리 사회적 통합과 연대를 덕에 의해 이룬다고 주장하더라도, 사랑과 우정이라는 덕의 편식 현상은 또 다른 사랑과 우정으로 형성된 집단과 개인을 만나게 될 수 있다.

자유주의의 개인의 자유 우선성과 공동체주의의 사회의 덕 우선성은 각각 개인의 자기 결정에 의한 기회의 균등한 보장과 우애로 형성된 평등한 사회 세계를 구성해 내기에는 이론적·현실적 상황에서 역부족이다. 물론 자유주의와 공동체주의 입장에서의 비판처럼 다문화주의는 속성상 문화적 원심력에 의한 분리와 균열의 가능성을 갖고 있다. 또한 정체성 집단은 개인적 가치들을 강제하려고 시도할 수도 있다. 그러나 정체성 집단은 민주주의 가치와 일치하는 목표에 도달할 수 있도록 개인을 지원할 수 있으며 따라서 개인의 자유를 확장해 나갈 수도 있다. 문화 정체성을 강조하는 소수집단들은 집단이 추구하는 정치적, 문화적, 경제적 목표에 기여하도록 집단 내 개인들에게 요구할 수 있는 동시에 개인의 시민적, 문화적, 분배적 자유의 성취에도 관심을 갖고 있는 것이다. 개인들의 권리를 옹호하지 않는 소수문화집단이란 민주주의 가치와 부합하지 않을뿐더러 집단의 지속적 존재와 활동에도 부정적인 영향을 미칠 것이 예상되므로 개인 위에 군림하는 집단적 자율성은 한계가 있는 것이다. 같은 맥락에서 소수집단의 공동체에 대한 부정적 공격성은 절제될 수 있다. 문화 정체성 집단의 자율성은 내부와 외부에서 개인과 다른 집단들로부터 인정을 받는다는 전제에서 작동되는 것이 현실 세계의 상황이기 때문이다.

위와 같은 다문화주의에 대한 정의와 이론적 비판을 상호 논쟁의 관점에서 볼 때, 다문화주의는 '다수로부터의 하나'라는 민주주의의 정교화 논리를 현실 세계에서 실현해 내는 재현 논리를 담고 있다. 개인과 집단, 국가 정체성 형성에 대해 균형된 논리를 견지하고 있으므로 어느 이론 체계보다 유용한 적용 상황을 민주시민사회에 만들어 낼 가능성이 크다고 할 수 있다. 소수집단과 소수자들이 기존의 주류 문화집단과 사회적 강자들이 독과점해 온 '그들만의 진리 판단 기준' 모임 담론에 참여하고 사회적으로 안전한 소수문화집단의 망을 형성한다면, 이들이 사회적 연대와 통합 혹은 집단 내부의 개체성에 해악을 끼칠 가능성은 현저히 줄어든다. 소수자들은 그들이 가진 집단 내부의 문화 정체성의 안전한 인정에 대해 자존감을 가질 것이며, 이것은 현실 세계에서 구성적으로 표현되어 통합과 연대, 자유와 정체성 보장에 기여하게 되는 것이다.

다문화 정치사회화의 전략

정치사회화는 시민이 정치적으로 성숙해지는 발전적 과정이다. 시민은 그를 둘러싼 정치 세계에 관련된 것들을 이해하고 평가하기 위한 복합적인 신념, 감정, 지식을 습득한다. 민주주의 헌정체제에서의 정치사회화는 민주적 내용과 방법으로 이루어져야 한다. 그래야 현재의 정치체계는 안정을 유지하면서 발전된 모습으로 변화해 나갈 수 있다. 다문화주의가 민주주의 헌정체제의 원리에 가장 가까운 것이라면 정치사회화 과정에서 자유주의와 공동체주의보다 선행되어야 할 것이다. 이런 기본 관점을 견지하면서, 교육이 정치사회화 과정에서 정치적 인지와 참여, 정치적 태도의 형성에 결정적인 변수가 된다는 점을 고려하여 다문화 정치사회화의 전략적 차원이 다문화교육 관점에서 구안되어야 한다.

정치사회화는 우월한 정치문화와 일치되도록 진행되는 경우가 일반적이다. 그러나 어린이들의 정치적 정향이 언제나 현재의 정치문화와 일치하여 현상유지적 상황을 만들어내는 것은 아니다. 예를 들어, 백인 중산층 어린이들을 대상으로 정치사회화의 산물을 조사했을 경우 우월한 정치문화와 기존의 정치체계를 지지하고 동질적인 경향을 보이는 반면, 흑인, 멕시코계 미국인, 푸에르토리코계 학생들을 대상으로 조사한 경우에는 현상유지적인 정치문화와 불일치하는 증거가 나타난다. 정치사회화 과정에 다수집단의 광역문화와 소수집단의 협역문화 간의 차이를 반영하지 않을 경우 자유주의와 공동체주의가 지적한 소수자의 권리 침해와 사회의 균열이 언제든지 발생할 수 있는 것이다.

현재는 소수집단의 정치화가 사회적 세력으로 결속되어 드러나지 않고 있지만 소수집단의 주 세력으로 등장할 가능성이 큰 결혼이민자 가정의 자녀들이 성장함에 따라 다수집단과의 사이에 인정의 정치와 분배의 정치 차원에서 언제나 마찰을 빚을 개연성이 있는 것은 사실이다. 따라서 '순차적'으로 의식적인 사회적 재생산에 소수집단 어린이들과 다수집단 어린이 등 모든 교육 가능한 어린이들이 참여하게 하여 그들의 사회를 총체적으로 개조하도록 교육하는 민주적 교육이 다문화 정치사회화의 기본 관점으로 구현되어야 할 것이다. 모든 사람들에게 가치 분배 및 사회 통합 등에 관한 문제 해결에 참여할 기회를 부여해야 민주적 교육에 기초한 다문화 정치사회화가 성립될 수 있다.

여기서 '순차적'이라는 것은 소수집단이나 다수집단과 그 구성원들이 자기 문화 중심주의에서 벗어날 수 있도록 다문화화의 수준별 혹은 단계별 전략을 구사해야 한다는 의미이다. 이와 관련하여 월드런은 '일인 일문화'(단일문화) 모형보다 '일인 다조각'(다원문화) 모형이 더 현실적이라고 본다. 단일문화 모형은 다른 문화에 대한 존중이 본래 어렵고, 다원문화 모형은 개별 정체성의 확보에 더 유용하다는 점에서 자유적 개인주의와 가깝다는 것이다. 특히 다원문화 모형은 우월집단 문화의 헤게모니와 소수 종족집단의 전통에 의문을 제기하며, 문화의 본질과 연관된 본질주의를 비판하는 관점을 제공해 주는 것으로 판단한다. 한국 사회의 특수성을 반영한 다문화 정치사회화의 논리는 다원문화 모형이 주는 함의를 통해 구체화될 수 있을 것이다.

이런 관점에서 다문화 정치사회화의 기본 전략을 뉴만과 김용신의 논의를 토대로 수정·보완하여 개인과 국가의 1차적 차원, 분리와 포용 및 이해와 통합의 2차적 차원으로 구분하여 제시할 수 있다. 첫째, 분리와 통합 차원의 동화주의는 다수자로서의 국가는 소수이주집단에 대해 시혜적 차원의 정치사회화 프로그램을 제공하고 소수자로서의 개인들은 분리되어 주류 정주집단의 문화에 동화되는 초보적 전략이다. 둘째, 분리와 이해 차원의 융합주의는 소수자의 문화 정체성이 다수자들에게 용인되기는 하지만 개별적으로 분리되어 인정된다는 점에서 실질적으로는 동화주의 전략과 동일한 결과를 나타내는 정치사회화 전략이다. 셋째, 포용과 통합의 문화다원주의는 다수자들의 우월적인 중심문화를 인정한 상태에서 소수자들의 문화정체성을 적극적으로 수용하는 입장이다. 정체성의 인정이 구현된다는 점에서 다문화 정치사회화의 본질에 가깝다. 넷째, 포용과 이해의 다문화주의는 다수자들의 중심문화의 헤게모니를 소수자들의 문화 정체성과 동등한 지위에서 고려하는 정치사회화 전략이다. 다문화주의 정치사회화 이론을 그대로 반영하는 차원으로 볼 수 있다. 동화주의와 융합주의, 문화다원주의와 다문화주의의 각각의 차이점은 다수자들의 중심문화의 여부에 있다는 점에서 유사하다. 즉, 동화주의는 주류집단의 중심문화에 소수집단이 적응하여 동화된다는 차원인데, 융합주의는 개념상으로 중심문화의 존재를 인정하지 않는다. 그러나 소수자들이 각각의 개체로 국가 차원에서 용인되므로 실질적으로는 중심문화로의 동화를 가져올 수밖에 없다는 한계를 지닌다. 같은 맥락에서 다문화주의는 문화적 다양성의 존중이라는 점에서는 문화다원주의와 일치하지만 중심이 되는 문화를 인정하지 않고 모든 문화를 상대화하고 있다는 점에서 다르다. 문화다원주의와 다문화주의는 소수자들의 정체성을 실질적으로 동등하게 인정하는 전략으로 같은 적용 결과를 산출할 수 있지만, 사회구조적인 변화까지 추구하면서 다문화 정치사회화를 실행하는가의 문제에서는 궤를 달리한다. 다문화주의 정치사회화 전략은 소수집단의 정체성 인정이 합헌적이라면 언제든지 사회개혁운동에 나서야 한다는 입장이다. 동화와 융합 정치사회화 전략은 우리나라와 같이 초기 다문화화 단계에서 많이 적용되거나 프랑스와 중국처럼 정책이나 이념적 차원에서 통합주의를 선택할 경우 효율적으로 구사된다. 문화다원과 다문화 정치사회화 전략은 미국처럼 태생적 다문화 국가로서 이주자들이 다수자를 형성하는 공동체에서 나타나는 정치사회화 전략으로 볼 수 있다.

다문화 교육에의 접근

정치사회화의 다문화교육 접근은 어떤 이론적 관점이나 전략적 차원에 따라 시민성을 정치사회화의 산물로 설정하는가에 의해 달라질 수 있다. 물론 다문화교육은 다문화주의에 기초해야 일관성을 확보할 수 있으나, 여기서는 정치사회화의 실제 산출물인 시민성과 관련하여 동화주의와 융합주의, 문화다원주의, 다문화주의로 나누어 살펴보기로 한다. 동화주의는 자유 동화적 입장에서 시민적 자유의 정치를 추구하므로 법적 시민성, 융합주의는 공동체 통합의 측면에서 사회적 연대에 관심을 가지므로 최소 시민성, 문화다원주의는 사회질서체계의 범주를 인정하면서 문화 정체성의 동등한 실현을 강조하므로 능동 시민성, 다문화주의는 사회개혁적 성격을 가진다는 점에서 변환 시민성과 연계 지을 수 있다. 또한 김용신이 제시한 균형주의는 모두를 위한 민주적 다문화주의를 겨냥하면서 혼합 다문화교육을 지향한다는 점에서 균형과 포용 시민성으로 나타낼 수 있다. 이것을 다시 구체화하면, 현실세계에서 사회의 구조적 변화를 유도하지는 않는다는 점에서 실질적으로는 주류다수집단의 입장을 반영하는 법적–최소 다문화교육, 구조적 변화를 의도하되 전통 질서 체계를 인정하는가에 따라 능동–변환 다문화교육, 실제 다문화주의의 현장 적용을 강조하면서 모두를 위한 다문화교육을 지향하는 균형–포용 다문화교육으로 나눌 수 있다.

첫째, 법적–최소 다문화교육은 시민권의 부여와 투표 참여와 같은 기본적인 참정권의 인정과 관련되어 있다. 우리나라 헌정체제의 기초적인 부분을 이해하여 최소한의 사회 구성원으로서의 지위를 확보하게 해주는 접근이다. 사실 기본 의사소통이 어려운 외국인 근로자 자녀의 경우 초기 단계에서 분리교육이 절실하며, 북한 이탈 주민 자녀의 경우도 남북한의 문화 차이와 학력 차이로 부적응과 이탈의 문제가 심각할 뿐 아니라, 어린 나이에 받은 육체적·정신적 상처가 깊기 때문에 이들의 특성을 적극적으로 배려하는 분리교육이 필요하다. 분리교육을 진행하면서 한국 사회에 대한 긍정적 인식과 정체성의 혼란으로 인한 부적응 양상을 치유하거나 감소시키는 정치사회화가 실천될 수 있다.

또한 국가 차원에서 가장 관심을 갖고 대응하는 결혼 이민자 가정 자녀의 경우 중국계나 일본계가 많기 때문에 한국인과 구별되어 교육받는 것을 꺼리게 되는 경향이 있다. 따라서 법적–최소 차원의 분리교육은 이주의 초기 단계에 적용되는 것이 좋으며, 그들의 정체성을 자연스럽게 인정하면서 점차 협력학급이나 협력학교를 활용한 통합교육을 실시하고 국가 수준의 다문화 교육과정 속에서 통합교육을 모색해 나가는 것이 타당하다고 본다. 즉, 다수자와 소수자 간의 다문화 인정의 정치 차원으로 이행하기 위한 초기 단계에서 법적-최소 다문화 정치사회화가 실천된다고 볼 수 있다.

둘째, 능동-변환 다문화교육은 소수이주집단의 학생들에게 다수 정주집단의 학생들과 동등한 수준의 다문화 이해와 포용을 추구하는 방법이다. 소수자들이 겪는 사회적 차별과 문제점들을 적극적으로 다루어 해결할 수 있는 능력을 함양시켜 주는 참여적이고 개혁적인 다문화 정치사회화 방법이다. 능동-변환 다문화교육은 다른 문화에 대한 인지적 이해를 넘어서서 다른 문화에 대한 공감적 배려와 공존을 실행하는 것을 말하므로 단순히 다른 문화를 수긍하는 데서 오는 정신적 여유로움과 문화적 풍요로움을 가져다줄 뿐만 아니라 교육적인 혜택도 풍부하게 만들어 준다. 능동-변환 차원의 다문화교육 환경 조성은 다중언어의 습득과 함께 아이들의 두뇌 발달에도 긍정적으로 작용하여 국가적인 경쟁력이 되는 인적 자원을 풍요롭게 해줄 수 있다.

성공적인 다문화교육은 다중 국적 정체성을 가진 아이들을 길러내는 방향 설정을 통해 구현되어 나가는 것으로 볼 수 있다. 가정과 학교에서 자연스럽게 어머니 나라의 말과 아버지 나라의 말을 구사할 수 있는 다문화교육 환경을 조성해야 하며, 방과 후 학교활동에서는 가족과 함께하는 다문화 교실 프로그램을 확대 운영하여 미래의 외교관, 해외 파견 근로자, 다문화 예술가 등을 양성하는 것이 중요하다. 현재 주어진 다문화 상황을 사회와 국가, 개인의 발전을 위해 해석해 나가는 일은 다문화교육의 핵심 부분이다. 있는 것도 활용 못하는 사회와 국가는 갈등과 퇴보를 경험한 선행 다문화 국가들의 전철을 밟지 않으리라는 보장이 없다. 우리나라의 경우 소수집단의 결속이 이루어지지 않은 단계의 다문화사회이므로 문화다원주의 차원의 정치사회화 방법이 고려되어야 할 것으로 본다. 그러나 민주주의 헌정체제의 모토를 긍정적으로 실현해 내는 관점으로 다문화 정치사회화가 진행되어야 한다는 원칙은 언제든지 실행될 수 있도록 다문화주의 정치사회화 방법이 고려되어야 할 것이다.

셋째, 균형-포용 차원의 다문화교육은 정치사회화의 실제적 모습을 혼합 차원에서 구현하는 방법이다. 현재 한국 사회에는 다문화교육이 우리나라의 단일민족으로서의 정체성을 훼손하려는 것이 아니냐는 의문을 제기하거나, 국제화 세계화로 진전되는 추세에서 국제이해교육과 같은 맥락에서 보고 단순히 다른 나라의 전통문화에 대한 이해 교육으로 생각하는 경향이 존재한다. 이것은 북한과의 이념적·정치적 대립 상황과 한국의 주류정주사회의 문화적 전통이 반영된 현상으로 다문화주의의 실제적 한계를 보여준다. 역사적으로 민족국가 형성이 아직 이루어지지 않은 상황에서 다문화주의의 적극적인 정치사회화 과정으로의 수용은 국가 정체성 혹은 국민성의 약화를 초래할 것이므로 다른 문화에 대한 이해는 국제이해 교육의 차원에서 소개하는 형식을 취하는 것이 옳다는 견해이다.

이러한 한국적 특수성을 다문화 정치사회화의 방법에 반영한 것이 균형-포용의 다문화교육이다. 균형-포용 차원의 정치사회화는 균형주의와 포용교육에 기반을 두고 있다. 균형주의란 동화주의와 다문화주의의 중간노선으로 소수와 다수, 주류문화와 주변부문화, 개인과 국가, 학생과 학교가 민주적 원리에 따라 눈에 보이는 실제적 형평을 추구하는 문화민주주의 접근이다. 민주주의 헌정체제의 원리를 실제적 차원에서 다문화교육에 접속시키려는 의도를 갖고 있다. 즉, 엄밀하게 말하여 이념형으로 존재하는 동화주의, 융합주의, 문화다원주의, 다문화주의 정치사회화 방법을 실천적 차원에서 구안하고 적용하려는 것이 균형주의의 논리인 셈이다. 따라서 균형주의는 다문화교육의 상황이나 학습 주제에 따라 법적-최소 다문화교육과 능동-변환 다문화교육 방법을 혼합하여 정치사회화 과정에 적용하는 다문화교육으로 나타난다.

포용교육은 특수교육 분야에서 장애인이나 영재아를 일반 아동과 통합시켜 교육해야 그들의 특수성이 보편성 속에서 인정될 수 있다는 교육철학에 기초한다. 따라서 포용교육을 다문화교육의 방법적 차원에 도입하면 모두를 위한 다문화 정치사회화라는 모토가 성립된다. 국제연합교육과학문화기구UNESCO에 따르면 모두를 위한 교육으로서의 포용교육은 부인의 단계(배제), 수용의 단계(분리), 이해의 단계(통합), 지식의 단계(포용)를 거친다. 이러한 포용교육의 논리를 다문화교육에 적용시키면, 민주적 형평주의에 기반을 둔 소수자와 다수자를 포함하는 모두를 위한 시민교육, 포용적인 다문화교육이 되는 것이다.

다문화교육의 기본 철학에 관한 교육은 한국 사회에 적합한 다문화주의의 정치사회화 과정에의 적용논리로서 동화와 융합, 문화다원과 다문화 등에 대한 철학적 사유와 이에 대한 교육을 의미하며, 복합 정체성 교육이란 다문화가정 자녀들이 부모의 문화 정체성을 자연스럽게 구현해 낼 수 있도록 학교교육에서 지원해 주는 정치사회화 방법을 말한다. 또한 평화를 기반으로 한 갈등해결교육은 소수자와 다수자의 차이에 의한 편견이나 차별이 발생할 경우에 대응하는 정치사회화 방법으로 평화적 중재 프로그램 등의 실천을 의미하며, 민주시민 양성을 위한 보편적 가치 교육은 한국의 민주주의 헌정체제에 대한 이해와 함께 동일한 공간과 장소, 시간대에서 생활하는 사회구성원으로서의 민주적 가치에 대한 정치사회화를 말한다. 상호이해증진을 위한 다문화인식 교육은 서로 다른 문화적 특성을 긍정적으로 인식하는 다문화교육의 기초 수준의 프로그램을 정치사회화에 적용해야 한다는 것을 의미한다. 결국 포용 다문화교육이란 다수집단과 다수자들, 소수집단과 소수자들이 한국 사회라는 범주에서 공존하며, 자신들이 갖고 있는 문화 정체성을 공감적으로 이해하고, 이것을 시민생활 속에서 자연스럽게 드러내는 차원의 정치사회화 방법으로 볼 수 있다.

07.

무엇이
필요한가

자기 정체성과 문화

세계화에 따라 서로 다른 나라 사람들 간에 의식주, 건축, 교통수단 등의 외부 모습들이 점점 닮아가고 있다. 그럼에도 불구하고 인간은 종족과 지역에 따라 고유의 문화로 조건 지어지는 생각, 감정, 신념, 가치관, 세계관에 의해 서로 다르게 사물을 파악하고, 신념, 감정, 의지, 도덕적 가치관을 가지게 된다. 인간의 자기 정체성은 존재의 뿌리가 되며 이는 존재 의미와 가치를 제공하는 문화에 근거하게 된다. 문화의 광범위한 영향에 대해서 인류학자 에드워드 홀은 다음과 같이 말했다.

"인간 삶의 모든 부문 중 문화에 의해 영향을 받지 않는 것은 없다. 인간의 성품, 감정 토로를 포함한 자기표현, 생각하는 방법, 움직이는 방법, 문제 해결방법, 도시계획과 건설방법, 교통수단의 기능과 조직방법, 경제 제도와 정부조직의 기능과 조직 등 모든 것들이 문화에 의하여 영향 받고 변화하게 된다."

그러므로 문화는 서로 다른 문화권 사람의 사고방식, 행동 양태, 감정과 가치관을 이해하고 조정하는 데 해답이나 단서를 제공해 준다.

정체성의 구성과 문화

인간 개개인의 존재와 의미, 즉 정체성은 공통적인 인간성과 개개인의 기질과 성격 및 각자의 문화에 의해 결정된다. 문화와 전통이 아무리 달라도 인간은 인간만의 DNA, 혈액형, 골격, 얼굴형 그리고 기타 유사점들을 가지고 있다. 사회적으로도 기본적으로 동일하게 소속과 수용, 성취욕과 안전욕구를 가지고 있고 지적·감정적·도덕적으로도 동물이나 다른 사물과는 달리 생각하는 능력, 인륜, 영성을 공유하고 있다. 반면에 각각 고유의 기질과 성품을 가지고 있기도 한다. 인간은 각자의 문화에 의해 다른 행태, 신념, 가치관, 세계관을 가지게 되며 인간의 형성과 존재에 있어서 소속 문화가 미치는 영향은 다른 두 요소들과 함께 매우 큰 것이다. 예를 들면 아시아, 남미, 아프리카 문화의 사람들은 단체주의적 행동과 가치를 중시하며 북유럽이나 북미문화의 사람들은 개인주의적 가치와 행태를 중요시 한다.

인간의 내면적인 신념과 가치관 그리고 세계관은 소속 문화에 의해 크게 조건 지어지고, 이 가치관과 세계관은 오랜 시간을 경유하며 형성·확립되기 때문에 문화의 근저로서 영향을 미치며 잘 변하지 않은 특성을 가지고 있다. 따라서 문화는 개인 및 그룹과 나라의 정체성, 사고와 행동 양태에 지속적인 영향을 미치기 때문에 중요한 것이다. 다만, 인간 개인이나 집단의 존재와 행동 양태는 상기 세 가지 요소에 의해 개별적 혹은 복합적으로 영향을 받기 때문에 한 요소의 영향을 다른 두 요인과 분리해서 독립적으로 보거나 과대 혹은 과소평가 하지 않는 자세가 필요하다.

문화와 발전 및 개발

문화는 한 사회나 나라의 경제사회 발전에 긍정적 혹은 부정적으로 큰 영향을 미치는 중요한 요인이 된다는 것이 개발경제학과 관련된 사회학계의 견해이다. 경제개발 발전의 관점에서 보면, 경제개발과 물질적 풍요를 이루는데, 해당 나라의 문화가 긍정적으로나 부정적으로 크게 영향을 미친다는 것이다. 문화적인 가치와 정치·경제 제도가 경제발전에 긍정적인 역할을 하는 나라의 경우, 경제가 발전하게 되고, 부정적인 역할을 하는 경우, 발전하지 못하여 빈곤에 처한다는 것이다. 이를 주장하는 미국의 헌팅턴은 한국과 아프리카 가나의 사례를 좋은 예로 꼽았다. 이러한 관점은 경제발전의 요인을 관련국의 내부적 요인에서 찾기 때문에 외부적 요인에 더 무게를 두는 개발경제학자의 견해와는 차이를 보이지만, 동일한 국제경제 여건에 처한 개발도상국가들 간의 경제발전의 차이에 대한 설명으로는 설득력이 있는 주장이다. 그러므로 문화는 개인이나 그룹의 사고와 행동양태의 차이를 이해하고 관리하는 면에서 중요할 뿐만 아니라 사회나 나라의 경제사회 발전에도 중요한 영향을 미치는 요인이 된다.

다문화 상황과 국제경영

다문화 환경에서 일하는 국제기업과 국제협력기관에게는 현지 문화가 그들의 업무환경을 특징 짓고 경영관리 면에서는 도전과 기회를 동시에 제공한다. 그러므로 우선 그들이 생산하고 판매하는 제품과 서비스에 대한 사업수행 방법이 현지 문화에 적합해야 되고 문화적 충돌을 최소화하여야 한다. 국제경영학계에서 잘 알려진 현지 문화적응의 실패와 바른 문화적응을 통한 대표적인 성공사례 중의 하나는 미국계 다국적 식품기업인 나비스코사 초코비스켓의 중국 내 생산·판매이다.

또한 그렇기 때문에 조직 내부의 관리에서는 보이지 않는 심층문화에 기인한 리더십의 차이와관리하고 일하는 방법의 차이를 이해하고 극복하여, 기업문화와 목적에 부합하도록 해야 하는 도전에 자주 직면하게 된다. 이러한 차이는 협력이 필요한 상황에서 충돌을 야기하여 조직 공동의 목표달성에 장애가 되는 요인이 된다. 이들 국제기업과 국제협력기관들은 현지 문화의 틀 속에서 생각하고 행동하는 그곳 사람들과 사회로부터 현지 종업원을 채용하고, 그들을 고객과 기타 이해관계자로 만들어야 한다. 이를 통해 종업원 개개인과 그룹의 행동양태 뿐만 아니라 사고방법과 가치관·세계관의 차이를 이해하고 조정해야 한다. 현지 문화에 대한 깊은 이해와 바른 접근은 이의 중요한 첫걸음이 된다.

문화다양성과 창의성

한편, 현지 문화는 사고와 문제해결 방식 면에서 다양성을 제공하여 줌으로써 관리만 잘하면 국제기업과 국제기관에게 창의성과 문제해결능력을 제고할 수 있게 한다. 이는 페이지 교수의 수학적 모형을 이용한 과학적인 연구 결과로 2007년 그의 저서에서 밝힌 것이다. 두 사람이 한 사람보다 나은가 혹은 사공이 많으면 배가 산으로 올라가는가에 대한 질문에 과학적인 연구에 근거하여 전자가 맞다는 것을 입증한 매우 뜻깊은 연구이다. 연구의 주 논점은 그룹과 회사, 학교와 사회에서 문화적으로 다양한 사람들, 특히 사고와 인지 방법상에서 다양성을 가진 사람들로 구성하면 창의력, 문제해결능력, 예측능력은 증가된다는 것이다. 즉 다문화 종업원이나 팀원을 고용하는 국제기업은 그렇지 못한 기업보다 더 창의적이고 문제

해결능력이나 미래예측능력이 높아 더 높은 생산성과 경쟁력을 가지게 되는 것을 의미한다. 이러한 이점이 현실성을 가지려면 다양한 사람들의 업무환경이 적절히 관리되어 소통과 협력에 문제가 없어야 되고, 이러한 상황이 뒷받침 되어지지 않는다면 그들의 가치관이나 취향의 다양성은 이러한 이점을 오히려 낮출 수 있다는 것에 유의하여야 한다. 그러므로 다문화 환경에 대한 깊은 이해와 적절한 관리는 문화의 다양성이 주는 이점을 제공하여 주기 때문에 국제기업에게는 매우 중요한 과제이다.

좋은 예로는 미국의 문화적 다양성의 주요 근거인 이민자들이 미국 경제의 창의성과 혁신에 기여하는 점을 들 수 있다. 조셉 나이 교수에 의하면 미국의 외국인 숙련노동자를 대상으로 한 이민비자 발급 숫자는 미국의 특허등록 건수와 매우 밀접한 상관관계가 있다고 한다. 2005년 미국의 기술창업통계에 의하면 이민자들은 그해 미국의 기술창업의 25퍼센트를 차지했는데 이는 그 이전 10년간의 기술창업 전체 수와 맞먹는다. 이민자나 그 자녀가 창업한 회사의 수는 2010년 경제잡지 《Fortune》이 선정한 500대 기업의 40퍼센트 정도에 해당 되었다.

한편, 우리나라는 타 문화인과 기관들에 대한 이해와 관계 역량이 다문화 환경에 일찍이 노출되어 온 서구 선진국들에 비하면 상대적으로 낮은 것으로 추정된다. 청소년 교육효과에 대한 국제적인 비교연구를 수행하는 OECD의 PISA가 최근 발표한 청소년 핵심역량지수를 보면 세계 선진국 36개국 중 우리나라는 지적역량에서는 상위 2위로 매우 높은 성취도를 보인 반면 사회적 상호작용역량에서는 35위로 두 번째로 최하위 순위가 매겨졌다. 이는 타인과 타 문화에 대한 이해와 관계성역량에 그대로 연결되는 것으로 우리나라의 타 문화에 대한 이해와 관계성역량이 상대적으로 매우 낮은 것으로 보는 것은 무리가 없을 것이라 생각된다.

이와 같이 우리의 낮은 사회관계역량에도 불구하고 우리나라의 국제기업, 국제원조기관, 비 정부 국제교육·선교기관, 민간단체들에게 다문화는 일상적인 업무환경이 되어 문화에 대한 깊은 이해와 바른 접근이 필요한 시대가 되었다. 전 세계시장에서 성공적으로 사업을 수행하는 많은 한국계 국제기업들 뿐만 아니라 한국의 공적개발 원조기관들도 전 세계 개도국에서 많은 개발사업들을 하고 있으며, 한국 교회는 미국 교회 다음으로 전 세계에 많은 수의 선교·교육전문가를 보내고 있다. 또한 많은 대학생들과 청년들이 개발도상국가의 해외자원봉사자로 가서 현지 사회와 사람들을 돕고 현지 문화를 배운다. 한국의 성공적인 개발경험과 문화에 대한 세계인들의 많은 관심에 비추어 볼 때 앞으로 더 많은 한국기관과 사람들이 세계를 향해 나가게 될 것이고, 더 많은 세계인들이 다양한 목적으로 한국을 방문하고 국내에서 일하게 될 것이다. 이러한 쌍방향의 협력과 교류가 서로에게 유익한 발전이 되기 위해서는 서로의 문화에 대한 깊은 이해와 바른 접근은 필수불가결하다. 이는 문화차이에서 오는 여러 도전을 유효하게 관리할 수 있을 뿐만 아니라, 앞에서 언급한 문화적 다양성이 제공해 줄 수 있는 창의성 증대와 문제해결능력의 제고 기회를 얻을 수 있게 해준다.

문화에 민감한 국제협력

근년에는 국제협력의 틀 안에서 제공되는 대외공적원조사업의 경우에도 현지 문화에 맞고 그 문화의 장점을 살릴 수 있는 프로젝트 디자인을 하는 것을 중요시한다. 이러한 경향은 한 사회와 나라의 전통문화적 가치들은 경제개발에 따른 근대화 가치로 대체되는 것이 아니라 이들과 공존한다는 세계 가치관 조사의 연구 결과와 부합한다. 따라서 현지 문화에 예민한 개발과 문화의 좋은 점을 살리는 개발을 중요시하는 것이 국제개발 분야의 최근 경향이 되고 있다. 이러한 경향의 근저에는 경제개발만이 아니라 사람개발도 함께 해야 한다는 통합적 개발의 중요성이 있다. 현지 사람 특히 젊은 청년들과 지도자들의 개발과 변화가 수반되지 않는 경제개발만의 발전은 일부분의 발전에 지나지 않고 지속가능성이 매우 낮다. 현지 사람들이 개발의 수혜자일 뿐만 아니라 그 개발을 지속시키는 주체가 되도록 하기 위해서는 현지 문화와 사람에게 적합하고 이들을 발전시키는 개발사업이 되어야 할 것이다.

문화에 따른 접근방법의 차이

다문화 여건이 제시하는 중요한 문제 중 하나는 팀원들과 협력하며 일을 해야 하는 사람들이 그들의 문화에 따라 과제나 문제에 대한 이해와 접근방법이 다르다는 것이다. 즉 팀워크 자체나 협력의 개념에 대한 이해와 태도가 문화에 따라 많이 다르다. 이는 문화가 다른 팀원들이 서로 다른 사고방법, 소통방법, 의사결정방법, 협력방법과 이 차이들의 밑바탕에 깔려 있는 서로 다른 관점, 가치, 가정들에 대한 이해와 조정 그리고 최대한 효율적으로 같이 일할 수 있는 개인과 그룹의 협업방법을 만들어 실행하는 것을 필요로 한다. 국제경영과 관련해 변화관리, 협상관리, 보수관리, 의사결정, 인사관리, 조직관리, 리더십, 그룹 내의 개인의 행동, 그룹업적, 업무태도 등이 모두 이에 해당된다. 같은 맥락에서, 문화가 다른 상사와 부하들 간의 소통, 보고, 의사결정, 리더십 등과 관련된 서로 다른 이해와 보이지 않는 다른 가치, 관점, 가정들은 업무수행과 의사결정을 복잡하게 하며 지체시킨다. 이 때문에 서로 간에 열린 소통, 바른 이해, 조정, 협력이 필수불가결하다.

중요 문화테마에 대한
다른 접근법

다문화 팀원 간, 다문화 상사와 부하 간, 개인 혹은 팀 간의 서로 다른 문화적 접근이 제기할 수 있는 도전은 다음의 몇 가지로 볼 수 있다. 이는 문화적 함축이 큰 테마에 대한 다른 문화권의 태도와 접근법에 비추어 보면 더 쉽게 이해할 수 있다.

첫째, 개인주의나 단체주의 문화테마의 경우, 북유럽과 북미 출신은 대부분 개인주의적 문화성향으로 혼자 일을 생각하고 수행하는 것을 더 선호하는 한편, 아시아, 남미, 아프리카 출신들은 단체주의적 문화성향으로 그룹으로 토의하고 일을 같이 하는 것을 더 편하게 생각한다.

두 번째 문화요소는 애매성 수용 정도이다. 애매성 수용 정도가 높은 문화의 사람들은(아시아, 아프리카 등) 업무계획이나 예산계획 등을 자세히 하는 것보다 융통성 있게, 적당히 하는 것을 선호하나, 애매성 수용 정도가 낮은 문화 사람들은(북미, 북유럽, 오세아니아 등) 매우 자세한 계획들을 세우는 것을 일의 중요한 부문을 취급한다. 그래서 자세한 예산계획을 수립하고 이에 따라 업무를 처리하는 것은 이들에게 매우 중요한 일이다.

마지막으로 권위 수용 정도이다. 높은 권위를 인정하는 문화의 사람들(인도, 한국 등)은 상사의 권위와 높은 자리를 인정하고 권위에 순종하는 것을 당연하게 생각하는 반면, 낮은 권위를 인정하는 문화 사람들(스칸디나비아, 호주, 미국 등)은 높은 권위와 자리를 당연한 것으로 인정하지 않고 최소한의 업적 중심 권위와 평등주의를 당연하게 받아들인다.

잘못된 접근의 유혹

좀 다른 차원이지만 또 하나의 중요한 도전은 국제기업과 기관의 경영관리자, 교사, 선교사, 봉사자들이 소속 기관의 보편적인 가치와 원칙 이외에 자기 문화를 의식적으로 혹은 무의식적으로 현지 기관과 사람들에게 전수함으로써 자신의 가치를 그대로 가르치고자 하는 오류를 범하지 않는 것이다.

한국계 국제기업, 특히 대회경제협력기관과 교육·선교기관의 소속 경영자나 직원들이 해당 기업·기관의 보편적 가치나 원칙 외에 한국문화의 특성과 가치들, 예를 들면 세속적 물질주의, 경제지상주의, 속도지상주의, 연고주의 등의 한국문화 특유의 요소를 마치 다른 문화에서도 중요한 기여를 할 가치로 믿고 현지 기관과 사람들에게 가르치고 이를 따르도록 하는 유혹에 빠지지 말아야 하는 도전이다. 정수복이 밝힌 대로 한국문화의 가치들은 한국의 유교와 무교적 전통가치에서부터 유래된 것으로, 국제적으로 보편화하기에는 적합하지 않은 것들이 많다. 이와 매우 다른 가치를 중시하는 동남아시아의 소승불교 전통의 나라들에게 이러한 것들을 좋은 것으로 가르치고 따르도록 하는 것은 문화적으로 매우 잘못된 접근이다.

또 다른 예는 유럽과 북미 교회들이 지난 200년간 다수 세계 사람들에게 행한 기독교 선교의 문화적 실수이다. 서구 기독교회가 가난하고 미개발된 다수 세계의 여러 나라와 민족에게 예수님의 복음을 전파하면서 서구의 근대문명의 가치를 복음인양 같이 전한 것은 잘못이므로 실수를 반복하지 말아야 한다는 것이 서구 선교학계의 자성이다. 이는 한국의 대회원조·교육·선교기관 종사자들이 중요한 타산지석으로 삼아야 할 교훈임이 틀림없다. 나아가서는 현지 기관과 사람들의 문화 상황에 맞춰 결제개발사업과 교육·선교사업을 하여야 하는 도전인 것이다.

국제개발 협력의 과제

경제개발 원조를 개발도상국가들에게 제공하는 공공 혹은 민간 국제개발기관은 또 다른 차원의 도전에 자주 직면한다. 각종 개발 프로젝트가 완성된 후에는 수혜국의 기관이나 주민이 이를 소유하고 관리·유지하여야 하는 특수성을 가지고 있기 때문에 지원국의 개발원칙, 방법, 가치 기준만이 아니라 수혜국의 문화전통과 가치에 부합하는 사업으로 설계되고 관리·운영되어야 하는 것이다. 즉 개발을 위한 원조사업은 수혜국의 사람들과 그들의 문화에 민감하게 부합하도록 이루어져야 한다. 민간과 공공기관이 제공하는 개발 원조를 지원받는 여러 사업들이 경제개발을 통한 복지증진 뿐만 아니라 수혜국 사람들의 인간 존엄성, 문화전통, 가치까지 증진하는 것을 목적으로 하여야 하는 것이다. 경제개발과 사회발전의 부족으로 인한 빈곤이 경제적 자원의 부족 뿐만 아니라 수혜국 사람들의 인간 존엄성과 인간다운 삶에 대한 무지와 무관심에서 기인하는 면이 크다는 것을 감안하면 이러한 인간 중심, 문화 중심의 사업들은 많은 어려움에도 불구하고 더 많이 추진해야 할 가치가 있다. 이러한 개발 프로젝트는 종래의 경제개발 중심, 원조국의 개발 전략방법 중심, 서구 원조국의 근대주의 가치 중심, 수혜지역 주민의 참여가 없는 기관 중심의 프로젝트에 비하면 훨씬 더 복잡하고 느린 접근인 것이다. 그러나 이렇게 설계·실행되고 관리·운영되는 원조사업들은 수혜국 주민의 문화와 가치에 부합하여 그들에게 주인의식을 심어 주고 현지 주민의 공동체를 발전시키게 된다. 뿐만 아니라 이러한 사업은 원조 공여국과 수혜국의 문화 차이에서 오는 가치충돌을 피하게 해준다. 1990년대 이전에 세계의 경제선진국들이 제공한 공적 원조의 경우, 원조로 지원 받는 경제개발 프로젝트가 대부분 경제성장, 소득증대, 개인의 복지증대 등 금전적 소득, 그것도 주로 개인 기준의 수입증대에 치중하여 수혜국의 문화가 중시하는 사람들 간의 협력과 공동체적 가치의 증진 등에는 도움이 되지 못해 사업의 지속가능성이 낮은 경우가 많이 있었다.

다문화 환경이 가져다주는 이러한 관리와 경영상의 다양한 도전에도 불구하고 아직도 많은 사람들과 기관들이 이를 제대로 알지 못하거나 너무 단순하게 인식하여 잘못된 해결책을 시도하는 경우가 많다. 국제화된 사람들까지도 타 문화권 사람들의 외적인 태도와 행동의 변화만으로 국제기업과 기관의 문화에 적응된 것으로 단순히 생각한다. 아직도 그 문화의 언어만 공부해 의사소통만 가능하면 될 거라는 등의 식이다. 소위 지하 1층에 있는 그들의 가치들과 이의 배경이 되는 그들의 지하 2층의 세계관은 조금도 변화되지 않았는데도 말이다.

GLOCAL
LEADERSHIP

08.

나는
글로컬 리더이다

문화에 따른 사고와 행동이 차이

글로컬 시대의 국제협력과 국제경영은 나라나 문화 차이에도 불구하고 다문화 환경에서 다문화 팀에 의해 그 업무가 수행되는 특성을 가진다. 후기 근대주의와 문화상대주의 가치를 시대의 기본 사상으로 받아들이는 국제협력기관들과 국제기업들은 다문화를 존중하고 그에 대해서 열린 자세를 가지는 것을 기본 덕목으로 한다. 도전은 이들 기관들이 처한 다문화 업무환경에서 외부의 고객들과 협력기관들 뿐만 아니라 여러 다른 문화의 사람들로 구성되어 있는 내부 직원들 간의 문화차이이다. 왜냐하면 문화차이에 따라 개인과 그룹의 업무방식, 리더십 방식 협력방식, 소통방식, 협상방식, 가르침과 배움의 방식, 구매결정 방식 등에서 다른 접근을 하기 때문이다.

국제경영학의 문화차원

국제경영관리 측면에서 처음으로 국제경영학계의 문화연구의 기초를 닦은 사람이 G. 호프스티드이다. 그는 1980년 다문화 출신의 IBM 직원들을 대상으로 '문화의 차이가 경영에 미치는 점'을 조사하였다. 이를 통해 나라문화 차이가 문화적 함축이 큰 요소들에 대한 지지도의 차이를 야기하고, 이는 기업경영상 충돌의 원인이 되기 때문에 차이에 대한 바른 인식과 관리가 필요하다고 주장하였다. 그의 연구의 관심이 된 문화차원들은 ① 권위거리 성향, ② 개인주의 성향, ③ 남성 성향, ④ 불확실성 회피성, ⑤ 장기안목 지향성이다. 이러한 요소들에 대해 좀 더 살펴보면 다음과 같다.

• 권위 거리 성향

문화에 따라 기업 내외의 권위에 대한 수용 정도가 다르게 된다. 이는 권위자의 높은 자리와 그에 대한 존경을 당연하게 보는 높은 권위 문화와 이를 당연한 것으로 인정하지 않고 업적에 따른 최소한의 권위만 인정하는 낮은 권위문화로 구분된다.

• 개인주의 성향 문화

그룹·단체주의 성향 문화와 대비된다. 일하는 방법의 관점에서 보면 개인주의 문화는 혼자서 업무를 수행하는 것을 선호하는 반면, 단체주의 문화는 그룹으로 함께하는 것을 더 좋아한다.

- 남성성

남성적인 힘, 경쟁, 지성 등을 중시하는 문화로 여성적인 섬세함, 보호, 감성 등을 중시하는 문화와 대비된다.

- 불확실성 회피성

장래의 불확실성·리스크에 대한 회피 정도에 따라 두 가지로 구분한다. 하나는 불확실성 회피 정도가 높은 문화로 최대한으로 계획하고 대비하여 불확실성을 피하는 것을 중시하는 반면에 다른 하나는 잘될 것이라는 생각을 기본으로 자세한 대비책 수립 대신 적당히 대비하는 불확실성 회피 정도가 낮은 문화이다. 전자 문화의 나라들은 계획, 법치, 계약 등이 더 발달하게 되고, 후자 문화의 나라들은 이들이 덜 발달하게 된다.

예를 들면, 미국이나 북유럽 국가들은 높은 불확실성 회피 문화로 업무에서 상세한 장·단기 예산계획을 선호하고 각종 보험을 사는 것을 당연시한다. 하지만 낮은 회피성 문화를 가진 아시아, 중동 아프리카 국가들은 간단한 계획이면 충분하고 직원들의 의료보험 가입도 중요하게 생각하지 않는다. 그래서 기독교 선교사들 중 아시아나 아프리카 출신 선교사들은 자신과 가족의 의료보험의 필요성을 이야기하는 것을 꺼리는 경향이 있는데 반해 북미나 유럽 출신 선교사들은 이를 당연한 필요조건으로 생각한다.

• 장기안목 지향성

업무계획의 시야를 장기적으로 보는 것을 중요시한다. 일본과 중국문화는 장기안목 지향 문화이고 분기계획과 같이 단기업적 계획 등에 치중하는 미국문화는 단기안목 지향 문화이다.

호프스티드의 이러한 연구 결과의 타당성에 대한 많은 비판적 연구 결과가 있었음에도 불구하고, 문화차이가 제기하는 문화적 함축이 큰 요소들에 대한 바른 접근과 인식, 효과적인 조정·관리의 필요성을 주장한 그의 연구는 국제경영학계의 문화연구에 중요한 기초가 되었다. 또한 그 후에 국제경영학계의 문와연구에서 국가문화를 중요하게 취급하게 된 것도 이의 영향으로 볼 수 있다.

문화인류학의 문화요인

한편, 문화인류학계에서는 더 많은 문화요인과 테마에 대한 문화들의 다른 태도에 대해 상당한 연구가 있었다. 대표적인 연구로는 문화인류학자 탈콧 파슨즈와 동료 사회학자와 심리학자들의 연구이다. 이들은 인간(개인과 사회)연구를 시스템적으로 접근하기 위해 개발한 문화의 세 가지 차원(지적, 감정적, 도덕적) 중 도덕적 차원과 관련하여 여섯 개의 테마에 대해 문화들의 다른 관점을 연구하였다. 이 연구의 기본 논점은 각 테마에 대한 당위적 태도가 문화에 따라 크게 차이가 나며, 각 문화는 그 테마를 일직선상에 둘 때 그 일직선상의 한 점에 위치하게 된다는 것이다. 이에 대해 각 테마별로 좀 더 구체적으로 살펴보면 다음과 같다.

• 감정표현

감정표현 정도에 따라 감정표현 문화와 감정통제 문화로 나뉜다. 공개적으로 감정을 표현하는 문화는 욕망과 느낌의 자유로운 표현을 통해 만족을 느끼는 문화로 북미 인디안 종족인 콰키우틀족과 현대 소비문화가 있다. 이에 대비되는 감정통제 문화는 감정표현을 억제하고 금하는 문화로 금욕주의 문화, 북미 인디안 종족인 호피 원주민, 기독교·개신교 윤리, 수도원 윤리 등이 있다.

• 개인의 정체성 근거

정체성의 근거가 단체·그룹 중심이냐 개인 중심이냐에 따라 나뉜다. 단체·그룹 중심문화는 그룹이해, 단체책임 및 결정을 중시하는 문화로 분요로족, 종족문화, 아시아와 아프리카의 전통문화 등이 있다. 이에 대비되는 문화는 개인 중심, 개인이해 중시, 개인의 성취와 결정을 중시하는 문화인 카파우쿠족과 근대주의 문화, 서구문화가 있다.

• 인생의 근본적 관심

저 세상과 초월 세상을 얻는 것을 중시하는 중세유럽문화와 불교문화 등과 이에 대비되는 이 세상과 현 세상의 이해 중시, 현세의 안락과 부귀영화 중시, 개인의 물질적 부와 세상적 성공을 중시하는 동아시아 샤마니즘 문화, 근대주의 문화, 공산·사회주의 문화 등이 있다.

• 개인의 사회 내의 위치와 관계 근거

근거의 방향에 따라 출생중시주의와 개인의 업적중시 문화로 구분한다. 전자로는 개인의 위상과 관계는 출생성분으로 결정되고 타고난 성분을 중시하는 인도의 카스트제도 등이 있다. 후자에는 개인의 업적주의, 개인의 능력과 성취를 중시하는 자본주의 시장경제 문화, 현대 기업문화, 미국의 사회계급 등이 있다.

• 판단근거의 범위

인도 마을의 판챠얕재판 등과 같이 재판이나 판단에 큰 그림이나 총체적 근거, 즉 직·간접의 전체 상황을 다 감안하는 문화와 미국의 재판 근거처럼 직접적인 세부사항에 근거하여 판단하고, 재판이나 판단에 직접 관련된 요소만 감안하는 문화가 있다.

• 사람과 상황의 가치 기준

가치 기준의 범위에 따라 세계주의·평등주의와 특수주의·권위계층주의로 구분한다. 세계주의·평등주의 문화는 모든 사람이 내재적으로 동등한 가치를 지니는 것으로 보아 동등한 보상과 처벌을 받는 법이 강조되며, 계약적인 관계를 중시하고, 보편적 진리와 이론, 절대적 윤리와 이론, 규격화를 중시하는 문화이다. 이에는 유대교·기독교 문화, 근대문화, 스칸디나비아 사회 등이 있다. 특수주의·권위계층주의 문화는 개인의 출생적 지위와 역할을 인정하고, 사람을 태생적으로 비 동등하게 봄으로써 높은 자에게 특혜를 부여한다. 이는 후견인과 고객관계, 각 상황의 특수성과 다양성 인정, 상황윤리를 중시하는 문화로 힌두문화, 인도의 카스트 사회 등이 있다.

문화에 따른 정보처리 차이

문화 간 사고와 앎의 방법 차이에 대한 문화심리학계의 연구 중 특기할 만한 것은 심리학자 마샬 시걸의 연구이다. 그의 저서 《Cross-culturl Psychology: Human Behavior in Global Perspective》에서 그는 각 문화는 특유의 정보분류법과 계획체계 및 사물·사람·시간을 계량화하는 방법을 가지고 있어 이는 정보처리방법, 사고, 배우는 방식으로 이어진다고 밝혔다. 비록 모든 사람은 소속 문화와 관계없이 기본적으로 생각하고 인지하는 면에서는 별 차이가 없으나, 높은 수준의 사고를 하고 배움에 있어서는 문화에 따라 다른 정보처리방법, 사고, 배우는 방식을 갖게 된다는 것이다.

또한 동일 문화 내에서도 개인에 따라 사고하고 배우는 양태 차이가 있다고 한다. 이 차이의 원인으로 공교육의 영향을 가장 큰 것으로 보는 연구가 있다. 더 많은 공교육을 받은 사람은 그렇지 않은 사람과 다른 사고와 배움 양태를 가진다는 것이다. 플루에드만의 나이지리아 청소년들에 대한 연구에 의하면, 같은 문화와 종족 출신임에도 불구하고 공교육을 받은 이들과 공교육을 받지 않은 이들 간에 정보분류방법상에 큰 차이를 보인다.

높은 상황문화와 낮은 상황문화 유형

문화인류학자 에드워드 홀이 이룬 또 하나의 의미 있는 연구는 사람은 주위환경에 대한 예민성 정도에 따라 문화적 차이를 가진다는 것이다. 문화와 개인의 차이에 크게 영향을 미치는 요소는 해당 개인·그룹의 환경에 대한 예민성의 정도라는 것이다. 환경에 대해서 높은 예민성을 가지고 있는 경우 높은 상황 사람, 낮은 예민성을 가지고 있는 경우 낮은 상황 사람이라 부른다. 이는 문화심리학과 교육학의 사고·인지 및 배움이론 등과 경영학의 리더십·조직이론 등에서 실무적으로 유용하게 적용될 수 있는 점으로 생각된다. 홀은 그의 저서 《Beyond Culture》에서 문화를 상기 예민성 정도에 따라 크게 높은 상황문화와 낮은 상황문화로 나누고 환경에 대한 그들의 서로 다른 태도와 소속 나라 문화들을 제시하였다. 소통의 경우, 높은 상황문화 사람이나 그룹은 주위환경에 대하여 높은 예민성을 보여 주위환경이나 내면화된 환경(방의 분위기, 주위의 소리, 냄새, 얼굴표정과 몸짓)을 통해 소통한다. 이런 문화로 아프리카, 아시아, 남미와 중동을 들었다. 낮은 상황문화의 개인이나 그룹은 주위환경에 대하여 낮은 예민성을 가지고 있어 주위환경은 중요하지 않고 구체적으로 이야기하거나 쓴 내용 혹은 아이디어(정확한 말이나 글자나 문장)가 더 중요하다. 그 외에 시간, 리더십 등 문화적 함축이 큰 여러 테마들에 대해서 두 문화 유형은 상이한 차이점을 보이는 것으로 알려졌다.

또한 많은 연구에서 두 유형을 결정 짓는 요인들로 자라온 환경(시골농촌 혹은 도시), 직업(농업 혹은 공업 등 비농업), 교육(비공식 교육 혹은 공식 교육), 단체·개인 중심 사회(단체 중시 혹인 개인 중시)를 들었다. 해당 개인 그룹이나 나라를 이 같은 요인들과의 관계 정도에 따라그들의 문화성향을 가정하는 것이다. 일반적으로 아시아, 아프리카, 남미의 나라들은 높은 상황문화로 판단되고, 북미와 북유럽 나라들은 낮은 상황문화로 판단된다. 개인의 경우에도 자란 환경, 직업, 받은 교육, 소속 문화의 단체·개인 중심성에 따라 두 상황문화 중 하나로 판단할 수 있다. 물론 예외는 늘 있겠지만 경영관리상의 종업원과 팀에 대한 다른 태도를 이해하고 관리하는데 유용한 모형이 될 수 있을 것으로 생각된다.

문화테마에 대한 두 문화유형의 차이

다음의 테마들에 대해서 두 문화유형은 다양한 특징의 차이를 보인다.

•시간

HCC: 일직선이 아닌 처음과 끝이 분명치 않은 시간, 환경의존적 시간(해 뜰 때 기

상하고 어두울 때 자는 시간), 한꺼번에 여러 가지 일을 하는 시간, 약한 약속 시간 개념

LCC: 일직선이고 처음과 끝이 있는 시간, 한 시간에 하나의 일을 하는 시간, 강한 약속시간 개념, 환경독립적 시간(주위환경에서 독립된 사무실, cyber space 등에 사용하는 시간)

● 인지·사고

HCC: 상황의존적, 경험·사람 중심, 통합적 접근

LCC: 상황독립적, 개념·이론 중심, 분석적 접근

● 도덕·평가

HCC: 전통적, 그룹 중심, 관계 중시, 조화 중시, 체면 중시

LCC: 원칙 중시, 개인 중심, 업적 중시, 준법 기준

● 소통

HCC: 간접적 소통, 문자보다 말 선호, 몸짓 등에 의한 소통, 난처한 주제에 대한 언급 회피, 감정 중시

LCC: 직접적 소통, 문자와 언어 선호, 감정·독립적 소통, 정확한 개념과 내용소통 중시

● 권위

HCC: 높은 권위 인정, 높은 계급 존중, 학위·졸업장 중시(예: 인도, 한국)

LCC: 낮은 권위 인정, 업적·성취 근거의 권위, 개인적이고 가변적

• 리더십 형태

HCC: 조직의 조화와 일치 유지를 위하여 권위적이고 규제적, 카리스마 중시, 상하
　　위계적 존경과 보상

LCC: 의사결정과정에서 개인과 그룹의 자발적 참여, 덜 권위적이고 덜 규제적, 상
　　사의 리더십 권위를 당연시하지 않음

• 불확실성 회피

HCC: 낮은 불확실성 회피, 세밀한 장·단기 계획을 중시하지 않음, 높은 불확실성
　　수용(예: 자세한 예산 지양, 보험매입 중시하지 않음)

LCC: 높은 불확실성 회피, 치밀한 장·단기 계획 중시, 낮은 불확실성 수용(예: 자세
　　한 예산계획과 각종 보험매입 중시)

• 정직·책임감

HCC: 분명하지 않음, 융통성·애매성, 덜 투명함, 불투명한 돈 관리

LCC: 더 분명하고 투명함, 융통성 없음, 개인적 책임 중시, 투명한 돈 관리

• 충돌해결방법

HCC: 가급적 미루거나 회피함, 간접적 해결 선호, 손위의 제3자나 다른 동료의 선
　　의의 압력에 의한 해결 선호

LCC: 직접적 해결 선호, 집접 대면을 통한 해결 선호, 진실을 말함으로써 해결

- 배움·가르침 방법

HCC: 사람과 사람 관계 중심의 접근, 경험 중시, 그룹 중시, 통합적 접근 선호

LCC: 과제·업무 중심의 접근, 이론·원칙 중시, 개인적 접근, 분석적·창의적 접근 선호

- 상호교류방법

HCC: 그룹 협력과 일치 중시, 그룹 조화 선호

LCC: 개인의 생각·창의 중시, 그룹 일치는 이차적

이상 여러 인문사회학 분야에서 연구한 다양한 문화테마에 대한 문화의 차이가 사고, 인식, 행동과 경영관리상에 여러 다른 태도와 행동을 야기시킬 수 있다는 점을 살펴보았다. 많은 테마에서 다양한 문화 차이를 보게 되며, 나아가 그 차이가 여러 원인에 기인함을 알게 된다. 특히 주위환경에 대한 예민도가 문화의 차이에 크게 작용한다는 것과, 공교육 수혜 정도가 개인과 그룹이 문화테마 차이에 기여한다는 것을 보여준다. 그 외에도 종교·전통·역사와 개인의 특별한 경험 등도 복합적인 구조의 문화에 영향을 미치고, 이는 다시 개인과 그룹의 결정을 거쳐 그들의 행동으로 나타나게 된다. 이 결정과 행동은 대부분의 경우 해당 문화에 따른 행동으로 나타나지만 그 문화를 따르지 않는 예외적인 사람들의 경우에는 문화를 따르지 않는 행동으로 귀결될 수도 있다.

그러면 무엇이 이들로 하여금 같은 문화의 사람들과 다른 결정과

행동을 하게 할까?

이상에서 본 연구 결과에 비추어 볼 때, 그들이 받은 공교육이나 특별히 겪은 경험들이(동 문화권 사람들과 다른 환경에서 자랐다든가, 문화권 종교와 다른 종교로 개종했다든가 등) 그들 개인이 심층문화를 만들어 같은 문화의 사람들과 다른 행동으로 귀결된 것으로 추론할 수 있다. 이는 다양한 이유에 의해서 개인과 그룹이 자기 문화에 대하여 높은 소속감을 가지기도 하고 낮은 소속감을 가질 수도 있다는 것을 말한다.

이러한 연구 결과는 국제협력과 경영관리면에서의 적용에 많은 통찰을 주며, 쉬운 추론에 따른 문제점과 더 많은 연구의 필요성을 말해준다. 또한 이상에서 본 것과 같이 문화와 문화 테마 간의 관계성은 쉽게 인정할 수 있겠지만, 그 관계의 정도와 방향에 대해서는 아직도 모르는 부문이 많다는 것이 많은 연구에서 보여주는 바이다.

GLOCAL
LEADERSHIP

09.

글로컬
리더의 시대

시진핑 리더십

시진핑은 한때 중국의 국무원 부총리를 지낸 시중쉰(習仲勳)의 아들로 태어났다. 1969년 문화대혁명 때 많은 친구들과 마찬가지로 교육받은 도시 청년이었던 어린 시진핑은 산시성(陝西省)의 시골로 보내졌다. 그 곳의 농업 공동체에서 시진핑은 6년 동안 육체노동을 했다. 이 시기에 특별히 지역 소작농들과 좋은 관계를 맺었으며, 그로 인해 중국공산당Chinese Communist Party/CCP에서 계급이 올라갈 때 명문가 출신의 시진핑이 신뢰를 얻는 데 도움이 되었다. 1974년에 시진핑은 정식 당원이 되어 당 지부의 서기를 지냈다. 다음 해에는 베이징의 칭화(清華)대학교에 입학해 화학공학을 전공했다.

1979년 대학을 졸업한 뒤 국무원 부총리이자 중앙군사위원회 비서장을 겸직한 경뱌오(耿飈)의 비서로 3년 동안 일했다. 1982년에 비서직을 그만둔 시진핑은 대신 허베이성(河北省) 중국공산당의 부서기직을 선택했다. 1985년까지 그곳에서 일을 한 시진핑은 푸젠성(福建省)의 항구 도시 샤먼(廈門)의 당위원회의 위원이자 부시장으로 임명되었다. 시진핑은 푸젠성에 사는 동안 유명 가수인 펑리위안(彭麗媛)과 1987년에 결혼했다. 시진핑은 1989년 톈안먼 사건 당시 정부의 대응에 대해 공개적으로 비판한 이후 당과 사이가 좋지 않았지만, 능력을 인정받아 1995년에 지역 당부서기 직에 올랐다.

그는 1999년에는 푸젠 성의 대리 지사가 되었고 다음 해 지사가 되었다. 푸젠 성의 수장으로서 시진핑이 관심을 가진 것은 환경 보존과 더불어 인근 타이완과 협력하는 것이었다. 시진핑은 부서기장과 지사 직을 2002년까지 지속하다가 다시 한 번 높은 지위에 올라갔다. 그해 시진핑은 저장성(浙江省)으로 옮겼고 그곳에서 지사 대리를 지내다 2003년부터 당서기가 되었다. 저장 성에 있는 동안 환경 친화적 개발을 촉진하기 위해 시진핑은 지역산업기반시설 재건에 집중했다.

시진핑의 행운은 상하이(上海)의 고위직을 둘러싼 추문으로 인해 시진핑이 상하이의 당서 기직을 이어받게 되었던 2007년 초에 또 다른 힘을 발휘했다. 그 직책을 맡았던 전임자는 광범위한 연금 제도 때문에 오점을 남긴 사람 가운데 1명이었다. 개혁 성향을 지녔던 아버지와 달리 시진핑은 신중함과 당의 정책 노선을 따르는 것으로 정평이나 있었다. 그리고 상하이의 당서기로서 도시의 재정적 안정과 재건을 정확히 홍보하는 데 관심을 두었다. 그러나 시진핑은 2007년 10월 중국공산당 당중앙위원회 정치국을 대표하는 9명의 상무위원 가운데 1명으로 선출됨으로써 짧은 기간 동안 상하이의 당서기에 머물렀다.

이후 시진핑은 후진타오(胡錦濤) 당서기의 후임자가 되었다. 시진핑의 지위는 2008년 3월 중화인민공화국의 국가 부주석으로 선출되면서 더욱 확고해졌다. 부주석이 된 시진핑은 환경 보존 노력과 국제 관계 신장에 힘을 쏟았다. 2010년 10월 시진핑은 중국공산당 중앙군사위원회의 부주석으로 임명되었고 그로 인해 자신의 최종 승계에 대한 가능성을 더욱 강화했다. 2012년 시진핑은 후진타오로부터 중국공산당 중앙위원회 총서기와 중국공산당 중앙군사위원회 주석직을 물려받았다.

이듬해인 2013년 3월 14일 그는 임기 10년의 중화인민공화국의 주석에 선출되었다. 2017년 10월에 개최된 중국 공산당 제19기 전국대표회의에서 '시진핑 새 시대 중국 특색 사회주의 사상'이 반영된 당장(黨憲) 수정안이 만장일치로 통과되면서, 그는 덩샤오핑에 이어 자신의 지도 이념을 당의 지도 이념에 반영한 최고 지도자가 되었다. 생전에 자신의 이름을 딴 지도사상을 당장에 넣은 인물로는 마오쩌둥에 이어 시진핑이 두 번째이다.

이어 2018년 3월 11일 중국전국인민대표회의 제3차 전체회의에서 '시진핑 신시대 중국 특색 사회주의 사상'을 마르크스레닌주의와 마오쩌둥 사상, 덩샤오핑 이론 및 3개대표론, 과학발전관과 함께 국가의 지도이념으로 헌법 서문에 명기하는 5차 개헌안이 참석 2,964명 중 2,958표의 압도적 찬성으로 통과되면서, 시진핑의 지도사상이 중국 헌법에도 반영되었다. 또한 이날 통과된 개헌안에는 헌법 79조 '연속 재임은 두 차례를 넘을 수 없다'는 문장이 삭제되어, 두번째 임기가 2022년까지였던 시진핑의 장기집권이 가능하게 되었다. 시진핑은 3월 17일 중국 전국인민대표대회에서 국가주석과 중앙군사위 주석에 재선출되었으며, 이에 따라 공산당 총서기, 국가주석, 군사위 주석 등 집권 2기의 주요 지위를 독차지하게 되었다. 이날 시진핑의 오른팔인 왕치산이 국가부주석으로 복귀했다.

그는 관료의 부패에 대해서는 엄격하지만, 정치와 경제에 있어 개방적이고 유연한 태도를 유지하는 개혁주의자로 알려졌다. 2014년 7월에는 한국을 방문하기도 했다. 2016년 10월 중국 공산당 제18기 중앙위원회 전체회의에서 반부패조치를 제도화했으며, 이 대회를 통해 시진핑의 1인 지배체제가 강화되었다는 평가를 받았다. 2017년 10월 그의 지도 이념을 '시진핑 새 시대 중국 특색 사회주의 사상'이라고 명명하여 당장(당헌)에 반영했다.

'시진핑 사상'이라는 별칭으로 불리우는 그의 지도 이념은 덩샤오핑의 개혁·개방 이후 30여년 동안 급격한 경제발전의 이면에 누적되어 온 빈부·도농 격차, 심각한 부패와 민심 이반 등의 문제에 대한 고민을 배경에 깔고 있다. 그는 일당 통치 강화, 빈부격차 등을 축소할 균형적 성장과 경제에서의 국가 역할 강화, 사상 통제 등을 그의 통치 철학으로 정리했다. 주요 내용은 샤오캉 사회(小康) 확립, 개혁 심화, 의법치국(법치), 종엄치당(엄격한 당 관리) 등 4가지 전면 전략과 경제·정치·문화·사회·생태문명 건설을 추진하는 5위1체 등으로 구성되어 있다.

오바마 리더십

정식 이름은 버락 후세인 오바마 2세^{Barack} ^{Hussein Obama, Jr.}이다. 공화당 후보인 애리조나 주 연방상원의원 존 매케인을 물리치고 2008년 11월 4일 미국의 44대 대통령으로 당선되어 미국 최초의 아프리카계 미국인 대통령이 되었다. 2012년 11월 6일의 대통령 선거에서 공화당의 밋 롬니 후보를 물리치고 연임에 성공했다. 대통령에 출마하기 전 오바마는 미국 일리노이주 민주당 연방 상원 의원이었다. 그는 1877년 남북전쟁이 끝나고 재건시대^{Reconstruction}(남북전쟁 전후 연방에서 탈퇴한 남부연합 11개주의 연방 재편입에 따르는 정치·사회·경제 문제의 해결을 모색했던 시기) 이후 상원 의원으로 선출된 세 번째 아프리카계 미국인이었다.

오바마의 아버지인 버락 오바마 1세^{Barack Obama, Sr.}는 십 대 시절 케냐 시골의 양치기였다. 그는 미국에서 유학할 수 있는 장학금을 받게 되었고 후에 케냐 정부의 고위 경제관료가 되었다. 오바마의 어머니인 앤 던엄^{S. Ann Dunham}은 캔자스주, 텍사스 주, 워싱턴주에서 두루 살다가 호놀룰루주에 정착했다. 1961년에 그녀는 하와이 대학교의 러시아어 수업에서 오바마의 아버지를 만나 일 년도 지나지 않아 결혼을 했다. 오바마가 두 살이었을 때, 오바마의 아버지는 공부를 하기 위해 하버드 대학교로 떠났다. 그 후 얼마 지나지 않은 1964년에 오바마의 아버지와 어머니는 이혼을 했다. 오바마가 열 살이었을 때 그의 아버지를 한 번 잠깐 만났다. 후에 오바마의 어머니는 인도네시아에서 온 유학생 롤로 소에테로와 재혼했다. 그리고 둘째 마야를 낳았다. 오바마는 어머니, 새 아버지, 이복 여동생과 함께 자카르타에서 몇 년 동안 살았다. 그곳에서 오바마는 공립학교에 다니면서 이슬람 교리를 배웠고, 가톨릭 사립 학교에 다니면서 기독교 교리도 배웠다.

그는 1971년에 하와이로 돌아와 작은 아파트에서 때로는 조부모님들과, 때로는 그의 어머니와 함께 살았다. 그의 어머니는 한동안 인도네시아에 거주했다가 하와이로 돌아왔다. 그리고 1980년 소에테로와 이혼하기 전에 박사 학위 공부를 위해 다시 외국으로 나갔다. 1979년에 오바마는 호놀룰루 소재의 상류 대학 입시 준비 학교인 푸나호우고등학교를 졸업했고, 이후 로스앤젤레스 교외에 있는 옥시덴탈 대학교에서 2년 동안 공부했다.

그 후 그는 뉴욕에 있는 컬럼비아 대학교로 편입했으며 그곳에서 1983년에 정치학 학사 학위를 받았다. 교수들의 독려로 그는 대학 재학 중 뿐만 아니라 졸업 후에도 계속 지적인 성장을 이루어 나갔다. 그는 다소 금욕적인 생활을 했으며 윌리엄 셰익스피어, 프리드리히 니체, 토니 모리슨 등의 문학과 철학 작품을 읽었다. 그는 2년 동안 맨해튼 소재의 학술 연구·출판 및 자문 회사인 비즈니스 인터내셔널사에서 필자와 편집자로 일한 후, 1985년 시카고의 빈민 지역인 파사우스사이드에서 사회 활동가로 일을 했다.

그는 3년 후에 학교로 돌아가서 사상 처음으로 하버드 대학교 법과 대학 학술지 편집장을 지낸 아프리카계 미국인이 되었으며, 1991년에 하버드 대학교 로스쿨을 우등magna cum laude으로 졸업했다. 1989년 시카고 사이들리 오스틴 법률 회사에서 서머 인턴 사원으로 있는 동안에 오바마는 그 회사에서 일하고 있는 시카고 출신의 젊은 변호사 미셸 로빈슨을 만났다. 두 사람은 1992년에 결혼했다.

오바마는 법학 학위를 받은 후에 시카고로 이주했으며 민주당에서 활동하면서 빌 클린턴의 선거운동을 도왔다. 그는 또한 아프리카계 미국인들이 투표권 행사를 하도록 독려하는 프로그램을 담당했는데, 이를 통해 일리노이 주 연방 상원 의원인 캐롤 모슬리 브라운의 탄생을 지원했다. 그녀는 사상 처음으로 연방 상원 의원에 선출된 아프리카계 미국인 여성이었다. 이 무렵 그는 첫 번째 책인 회고록《내 아버지로부터의 꿈Dreams From My Father》(1995)을 집필했다. 이후 오바마는 시카고 대학교에서 헌법 과목을 가르쳤고 시민권 문제를 다루는 인권 변호사로 일했다. 1996년에 그는 일리노이 주 상원 의원으로 선출되었는데 주목할 만한 것은 그가 선거 자금 규칙 강화, 서민들을 위한 의료 혜택 확대, 형법, 사법, 복지법 개혁에 대한 법률 제정 통과에 기여한 것이다.

2004년 그는 2명의 아프리카계 미국인 후보들이 처음으로 겨루었던 연방 상원 의원 선거에서 공화당의 앨런 케이즈를 물리치고 연방 상원 의원으로 당선되었다. 연방 상원 의원 선거 유세를 하는 동안 오바마는 2004년 6월 민주당 전당 대회 기조연설을 통해 국제적인 인지도를 얻었다. 그는 연설에서 자신의 일생을 서술하면서 모든 미국인들은 정치·문화·지역을 초월하여 연결되어 있다고 강조했다. 그 연설은 그때까지 잘 알려지지 않았던 오바마의 회고록을 베스트셀러 반열에 오르게 했으며, 이듬해 연방 상원 의원 취임 후 오바마는 민주당의 주요 인물로 급부상했다.

2006년 8월 그의 아버지의 고향인 케냐를 방문하는 여정은 국제적인 언론의 관심을 불러일으켰으며, 오바마의 인기는 계속 올라갔다. 몇 주 후 그는 두 번째 책인 《담대한 희망The Audacity of Hope》(2006)을 출간했는데, 출간되자마자 바로 베스트셀러가 되었다. 2007년 2월 그는 에이브러햄 링컨이 주지사로 집무를 했던 일리노이 주 스프링필드의 올드 스테이트 캐피톨Old State Capitol에서 2008년 대통령 후보 지명을 위한 민주당 경선 출마를 선언했다.

오바마의 개인적인 카리스마, 감동적인 연설, 그리고 정치 시스템 확립에 대한 변화를 가져오겠다는 그의 선거 공약은 많은 민주당원들, 특히 젊은 유권자와 소수 민족 유권자들의 공감을 얻었다. 2008년 1월 3일 오바마는 첫 번째 주요한 후보 지명 경선인 아이오와 주 당원 대회에서 힐러리 클린턴과 대결하여 압도적인 지지로 승리했다. 그러나 5일 후에 열린 뉴햄프셔 예비 선거에서는 힐러리 클린턴에게 패배했다. 이후 치열하고 때로는 고통스러운 예비 선거가 뒤따랐다. 슈퍼 화요일인 2월 5일 오바마는 그의 고향인 일리노이 주와 전통적인 정치의 선도를 이끄는 미주리 주를 포함하여 12개 이상의 주에서 승리를 거두었다. 그러나 클린턴이 대선거구인 캘리포니아 주와 뉴욕 주를 포함한 여러 주에서 승리함으로써 선두가 뚜렷하게 드러나지 않는 상황이었다.

그 달 하순경 오바마는 슈퍼 화요일에 이어 11개의 예비 선거와 당원 대회에서 연이어 손쉽게 승리하여 대의원 수에서 선두로 나섰다. 그러나, 3월초 힐러리 클린턴이 오하이오 주와 텍사스 주에서 대승을 하자 그 여세는 약화되었다. 여전히 대의원 수에서 그의 우세는 유지되고 있었지만 오바마는 4월 22일 펜실베이니아 주 예비 선거에서 패배했다. 2주 후 그는 인디애나 주에서 간발의 차이로 패했으나 노스캐롤라이나 주 예비 선거에서 큰 차이로 승리함으로써 힐러리 클린턴과 간격을 넓혔다. 힐러리 클린턴은 초기에 소위 슈퍼 대의원의 압도적인 지지를 받았으나, 오바마가 많은 주에서 승리하면서 대의원 수를 확보해가자 많은 슈퍼 대의원도 힐러리 클린턴을 떠나 오바마 지지로 옮겼다. 6월 3일 몬태나 주와 사우스다코타 주에서 열렸던 마지막 예비 선거에서 오바마를 지지하는 대의원의 수는 민주당 후보 지명을 결정하는 데 필요한 전체 수를 넘어섰다.

8월 27일 오바마는 사상 처음으로 주요 정당에서 아프리카계 미국인 대통령 후보가 되었고, 미국의 가장 높은 사무실로 진출하기 위해 공화당의 존 매케인 후보에게 도전하게 되었다. 매케인은 이제 겨우 초선 연방 상원 의원인 오바마는 국정 경험이 일천하다고 비판했다. 그 비판에 맞서 오바마는 오랫동안 외교 정책 전문가로 활동해 온 노련한 델라웨어 주 상원 의원 조 바이든을 부통령 후보로 지명했다. 오바마와 매케인은 치열하고 비싼 경쟁을 했다. 두 후보들은 유권자들에게 뚜렷한 이념적 선택을 제안했다. 지속적인 대중적 지지로 힘을 얻은 오바마는 그의 선거 운동에 필요한 연방 재정 지원을 사양하고 기록적인 숫자의 소액 기부와 인터넷 기부자로부터 수억 달러를 모금했다. 오바마는 선거 기금 덕에 수많은 텔레비전 광고를 제작하고 중요한 경합 지역과 이전 대통령 선거에서 공화당을 지지했던 주들에 뿌리 깊은 풀뿌리 단체들을 조직할 수 있었다.

오바마는 이라크에 파병한 대부분의 전투 군대들을 신속히 철회할 것과 서민과 중산층 유권자들의 부담을 경감할 수 있도록 세금 정책의 재정비를 요구했다. 반면에, 매케인은 미국은 이라크에서 완벽한 승리를 할 때까지 유지해야 한다고 말하며 오바마의 웅변술에 대해 웅변은 감동적이지만 알맹이는 없다고 비난했다. 2008년 11월 4일 대의원 선거에서 결국 유권자의 52퍼센트의 지지를 얻어 오바마가 승리했다. 그는 젊은 유권자와 여성, 흑인 등 사회적 소수 계층의 확고한 지지를 바탕으로, 2004년 선거에서 존 케리가 승리했던 주들뿐만 아니라 지난 2번의 대통령 선거에서 공화당이 승리했던 콜로라도 주, 플로리다 주, 네바다 주, 오하이오 주, 버지니아 주에서도 승리했다. 그는 2009년 1월 20일 제44대 미국 대통령에 취임했다.

오바마는 적극적인 사회복지 정책을 추진했다. 전국민 의료보험제도는 그의 주된 관심사로, 민영 의료보험제도로 인해 보험의 사각지대에 있는 많은 사회적 약자에게 의료 혜택이 가능하도록 개혁했다. 보수층에서는 별로 환영하지 않던 지구 온난화 문제 등에 대해서도 적극적인 대응을 시사했고, 동성결혼의 합법화와 총기 규제의 강화 등에도 지속적인 관심을 보였다.

오바마는 민주당의 대통령 후보로 지명되어, 2012년 공화당의 밋롬니 후보를 332대 206으로 누르고 연임에 성공했다. 연임 이후 미국의 경제가 많은 난관을 거친 후 안정을 찾기 시작하면서 지지율이 높아졌다. 그는 최저임금 인상을 통해 중산층의 생활을 향상시키는 정책을 펼치면서 정책의 주도권을 장악했다. 2015년에는 환태평양 경제 동반자 협정을 체결하면서 아시아에서의 영향력을 키웠으며, 범대서양 무역 투자 동반자 협정을 추진했다. 2015년 7월에는 이란 핵 협상을 타결하면서 중동 문제에 있어서도 큰 성과를 거두었다.

의료보험 개혁, 동성결혼 합법화, 고소득자 증세 등 비교적 진보적 정책을 펼쳐 공화당과 보수층의 반발에도 불구하고 상당한 성과를 거두었고, 중동 문제에서도 평화를 정착시키는 데 기여했으며, 쿠바와의 수교, 파리 기후 협약 가입 등 전지구적인 문제에서도 업적을 보이면서 임기 말까지 높은 지지를 받았다. 소박하면서도 활발한 미셸 오바마의 내조가 그의 인기를 높이는 데에도 한 몫을 했다고 평가받고 있다. 스포츠를 좋아하며, 높은 유머 감각으로 대중적 인기도 높았다. 그의 회고록《내 아버지로부터의 꿈 Dreams From My Father》(1995)은 고인이 된 그의 아버지와 케냐에 있는 가족들의 삶을 기록함으로써 다인종인 자신의 정체성을 찾아가는 이야기였으며, 두 번째 책인《담대한 희망 The Audacity of Hope》(2006)은 미국을 위한 미래상에 대한 논쟁을 담은 책이었다. 그는 2009년 핵무기 확산에 대한 강력한 제재 정책을 발표한 것이 높이 평가되어 노벨 평화상을 받았다.

이순신 리더십

삼도수군통제사(三道水軍統制使)를 지내며 임진왜란으로 나라가 존망의 위기에 처했을 때 바다를 제패함으로써 전란의 역사에 결정적인 전기를 이룩한 명장이며, 모함과 박해의 온갖 역경 속에서 일관된 그의 우국지성과 고결염직한 인격은 온 겨레가 추앙하는 의범(儀範)이 되어 우리 민족의 사표(師表)가 되고 있다.

본관은 덕수(德水). 자는 여해(汝諧). 아버지는 이정(李貞)이며, 어머니는 초계변씨(草溪卞氏)이다. 고려 때 중랑장(中郞將)을 지낸 이돈수(李敦守)의 후손으로 조선에서는 7대손 이변(李邊)이 영중추부사와 홍문관 대제학을 지내는 등 주로 문관벼슬을 이어온 양반계급의 집안이었다. 1545년 3월 8일(양력 4월 28일) 당시 한성부 건천동에서 셋째 아들로 태어나 어머니의 엄격한 가정교육하에서 성장했다.

그의 전몰 후 정경부인(貞敬夫人)의 품계에 오른 보성군수 진(震)의 딸인 부인 상주방씨(尙州方氏)와의 사이에서 이회(李𧫎), 이열(李), 이면(李𧭇) 등 3형제와 딸을 두었다. 서자로 이훈(李薰), 이신(李藎) 그리고 2명의 딸을 두었다. 노량해전에 참전했던 회는 현감, 열은 정랑(正郞)이었으며 면은 난중에 왜적과 싸우다 전사했고, 훈과 신은 무과에 올랐다. 두 형이 모두 죽었기 때문에 이순신은 또한 조카들을 친자식과 같이 극진하게 대했다고 한다.

22세에 무예를 배우기 시작하여, 28세 되는 1572년(선조 5) 훈련원

별과(訓鍊院別科)에 응시했으나 달리던 말이 넘어지며 낙마하여 왼쪽 다리가 부러지는 부상을 입어 등과에 실패했다.

그 뒤 1576년 봄 식년무과에 급제하여 그해 12월 귀양지로 여기던 함경도 동구비보(童仇非堡)의 권관(權管)으로 부임했다. 1579년 2월 귀경하여 훈련원봉사가 되었고, 그해 10월에는 충청병사의 막하 군관으로 전임되었다. 이듬해 7월 발포수군만호(鉢浦水軍萬戶)가 되었다. 1582년 1월 군기경차관 서익(徐益)이 발포에 와서 군기를 보수하지 않았다고 무고하여 첫 번째로 파직되었으나 그해 5월 다시 임명되어 훈련원봉사가 되었다.

1583년 7월 함경남도병사 이용의 막하 군관으로 전근, 10월 함경북도 건원보(乾原堡) 권관으로 오랑캐 토벌에 공을 세워 11월에 훈련원참군이 되었으나 15일에 아버지가 죽자 휴관했다.

1586년 1월 사복시주부(司僕寺主簿)에 임명되었다가 북방 오랑캐들의 침범이 있자 16일 만에 다시 함경도 조산보병마만호(造山堡兵馬萬戶)로 천거되었다. 이듬해 8월에는 녹둔도둔전관(鹿屯島屯田官)을 겸하고 있을 때 섬의 방비를 위하여 증병을 요청했다. 그러나 병사 이일(李鎰)은 이 청을 들어주지 않았고 오랑캐의 습격을 당하여 패한 죄로 하옥되었다.

1589년 2월 전라도 순찰사 이광(李洸)의 군관이 되었고, 또 순찰사의 주청으로 조방장(助防將)을, 이어 11월에는 선전관도 겸직하게 되었으며 12월에는 정읍현감이 되었다. 이듬해 고사리진첨절제사(高沙里鎭兵馬僉節制使), 만포진첨절제사(滿浦鎭僉節制使)에 임명되기도 했으나 대간들의 반대로 취소되었다.

임진왜란이 일어나기 1년 전인 1591년 2월 진도군수에 임명되었으나 부임 전에 다시 전라좌도수군절도사로 임명되어, 2월 13일 정읍을 떠나 전라좌수영(全羅左水營 : 지금의 여수)에 부임했다.

유성룡(柳成龍)은 이미 이이(李珥)가 이조판서로 있을 당시 이순신의 이름을 소개한 바 있었으나, 이순신은 이이가 자기와 성씨가 같은 문중이라 하여 그의 재직 시에 찾아가기를 사양했다 한다. 부임 후 왜구의 내침을 염려하여 바로 영내 각 진의 군비를 점검하는 한편, 후일 철갑선(鐵甲船)의 세계적 선구(先驅)로 평가될 거북선(龜船)의 건조에 착수했다.

전라좌수사의 취임 이듬해인 1592년 3, 4월경에는 새로 건조한 거북선에서 지자포(地字砲)와 현자포(玄字砲)를 쏘는 것을 시험하고 있었다.

이와 거의 때를 같이하여, 1592년 4월 13일 일본군 병력이 도합 20만 명에 달하는 대규모의 침략전쟁인 임진왜란이 일어났다. 그는 "왜선 90여 척이 부산 앞 절영도에 와 닿았다"는 경상우수사 원균(元均)의 통첩과 "왜선 350여 척이 벌써 부산포 건너편에 와 닿았다"는 경상좌수사 박홍(朴泓)의 공문을 받은 즉시로 장계를 올리고, 순찰사와 병사, 그리고 전라우수사 이억기(李億祺) 등에게 공문을 보냈다(4.15). 경상좌우도 수군은 왜군의 부산 상륙을 보면서도 전혀 싸우지 않았다. 전의를 상실한 원균은 배와 화포와 군기를 미리 바다에 침몰시켜 버렸다고 한다. 원균은 비장 이영남(李英男)의 책망으로 전라좌도 수군의 구원을 청했으나, 이순신은 맡은 바 경계가 있음을 이유로 영역을 넘어 경상도로 출동하기를 주저했다.

그러나 사태가 위급해지자 그는 광양현감 어영담(魚泳潭), 녹도만호 정운(鄭運) 등 막하 장령들의 격렬한 찬반논의와 그들의 소신을 확인한 끝에 출전의 결단을 내렸다. 4월 27일에 올린 〈경상도 구원에 출전하는 일을 아뢰는 계본(赴援慶尙道狀)〉에서 '같이 출전하라는 명령'(往偕之命)을 내릴 것을 주청했다. 그로부터 전라좌도의 수군, 즉 이순신 함대는 경상도 해역에 전후 4차의 출동을 감행하여 크고 작은 10여 회의 잇따른 해전에서 연전연승했다.

제1차 출전으로 5월 4일 새벽 전선(戰船:판옥선) 24척과 협선(挾船) 15척 등 모두 85척의 함대를 이끌고 출동, 5월 7일 옥포(玉浦)에 이르러 3회의 접전에서 왜선 40여 척을 섬멸하는 큰 승리를 거둠으로써 가선대부에 승서되었고, 제2차 출전인 5월 29일 사천해전(泗川海戰)에서 적탄에 맞아 왼쪽 어깨에 중상을 입었으나 그대로 독전(督戰), 6월 5일의 당항포해전(唐項浦海戰) 및 6월 7일의 율포해전(栗浦海戰) 등에서 모두 72척의 적선을 무찔러 자헌대부(資憲大夫)에 승진되었다.

제3차 출전인 7월 8일의 한산해전에서는 와키사카 야스하루[脇坂安治]의 일본함대를 견내량(見乃梁:지금의 거제군 시등면)에서 한산도 앞바다로 유인, 학익진(鶴翼陣)의 함대 기동으로 급선회하여 일제히 포위 공격함으로써 적선 73척 중 12척을 나포하고 47척을 불태워 이 공으로 정헌대부(正憲大夫)에 올랐으며, 이어 7월 10일의 안골포해전(安骨浦海戰)에서는 적선 42척을 분파했다(한산도대첩). 일본 수군은 전의를 상실하여 바다에서는 싸우려 하지 않았다.

제4차 출전으로, 9월 1일 부산포(釜山浦)를 습격하여 적선 100여 척을 격파함으로써 치명상을 입혔다. 1593년 7월 14일 본영을 여수에서 한산도로 옮겼으며, 8월 15일에는 수사의 직에 더하여 삼도수군통제사로 임명되었다. 한편 호남으로 들어오는 피난민들을 돌산도(突山島)에 입주하게 하는 등, 민생문제의 해결과 장기전에 대비한 둔전(屯田)을 조직적으로 추진했다. 1594년 3월 4일 2번째 당항포해전에서 적선 8척을 분파하고 9월 29일의 장문포해전(長門浦海戰)에서는 적선 2척을 격파했으며, 10월 1일의 영등포해전에서는 곽재우(郭再祐)·김덕령(金德齡)과 약속하여 장문포의 왜군을 수륙으로 협공했다.

1595년 2월 27일 조정에서는 이순신과 원균 사이의 불화를 염려하여 원균을 충청병사로 전직시켰으나, 이듬해 원균의 중상과 모함이 조정 내의 분당적(分黨的) 시론에 심상치 않게 파급되고 있었다.

11월 고니시 유키나가(小西行長)의 막하 간첩 요시라(要時羅)는 경상우병사 김응서(金應瑞)를 통하여 도원수 권율(權慄)에게 "가토 기요마사(加藤淸正)가 오래지 않아 다시 바다를 건너 올 것이니, 그날 조선 수군의 백승의 위력으로 이를 잡지 못할 바 없을 것인즉……" 하며 간곡히 권유했다.

이 요시라의 헌책(獻策)이 조정에 보고되자, 조정 또한 그의 계책에 따를 것을 명했다. 1597년 1월 21일 도원수 권율이 직접 한산도에 와 요시라의 헌책대로 출동 대기하라고 명을 전했으나, 이순신은 그것이 왜군의 간계임을 확신했기 때문에 출동하지 않았다. 도원수가 육지로 돌아간 지 하루 만에 웅천(熊川)에서 알려오기를 "지난 정월 15일에 왜장 가토 기요마사가 장문포에 와 닿았다"고 했다. 일본측 기록에는 정월 14일(일본력 1.13) 서생포(西生浦 : 울산 남쪽)에 상륙한 것으로 되어 있다.

즉 왜장은 도원수 권율이 독전차 한산도에 내려온 것보다 6일전에 이미 상륙했던 것이다. "왜장을 놓아주어 나라를 저버렸다"는 비열한 모함으로 파직된 이순신은 군량미 9,914석, 화약 4,000근, 재고의 총통(銃筒) 300자루 등 진중의 비품을 신임 통제사 원균에게 인계한 후, 2월 26일 서울로 압송되어 3월 4일 투옥되었다. 가혹한 문초 끝에 죽이자는 주장이 분분했으나, 판중추부사 정탁(鄭琢)이 올린 신구차(伸救箚 : 구명 진정서)에 크게 힘입어 도원수 권율 막하에 백의종군(白衣從軍)하라는 하명을 받고 특사되었다.

4월 1일 28일간의 옥고 끝에 석방된 그는 권율의 진영이 있는 초계로 백의종군의 길을 떠났다. 아산에 이르렀을 때 어머니의 부고를 받았으나 죄인의 몸으로 잠시 성복하고 바로 길을 떠나야만 했다.

한편 원균이 이끄는 조선함대는 7월 16일 칠천량(漆川梁)에서 일본 수군의 기습을 받아 참패했다. 배를 버리고 육지로 피신한 원균은 왜병의 추격을 받아 살해되었다 한다. 이번에도 김응서 및 권율을 경유한 요시라의 같은 계략이 적중한 것이었다. 정유재침의 다급한 사태에 엄청난 파탄이 초래되었으나, 조정은 속수무책이었다.

자청하여 수군 수습에 나선 그는 8월 3일 삼도수군통제사로 재임명되었고, 칠천량에서 패하고 온 전선들을 거두어 재정비함으로써 출전태세를 갖추고 있었다. 〈사대문궤 事大文軌〉 권24의 〈명량대첩 장계초록〉에 의하면 8월 24일 어란(於蘭) 앞바다로 12척을 이끌고 나왔는데, 명량해전(鳴梁海戰) 당일에는 13척이 참전한 것으로 보인다. 그는 8월 29일 명량(속칭 울두목)의 문턱인 벽파진(碧波津)으로 이진, 9월 15일에 우수영 앞바다로 함대를 옮긴 후에 각 전선의 장령들을 소집하여 "병법에 이르기를, 죽고자 하면 오히려 살고 살고자 하면 도리어 죽는다(必死則生 必生則死) 했거니와, 한 사람이 길목을 지킴에 넉넉히 1,000명도 두렵게 할 수 있다"라고 엄달했다.

9월 16일 이른 아침 명량해협으로 진입한 적선 200여 척과 사력을 다하여 싸워 일본 수군의 해협 통과를 저지했다. 일본군은 패전 후 웅천으로 철수했다. 조선 수군이 일본 수군의 서해 진출을 결정적으로 저지하여 7년 전쟁에 역사적 전기(轉機)를 마련했다는 점에서 임진년의 '한산도대첩'과 정유년의 '명량대첩'은 그 전략적 의의를 같이하고 있으나, 명량해전은 박해와 수난과 역경을 극복한 이순신의 초인적 실존(實存)으로 치러진 것이기에 그 의의가 더 크다.

명량대첩으로 선조는 이순신에게 숭정대부(崇政大夫)로 서훈하려 했으나 중신들의 반대로 중지되었다. 10월 14일 셋째 아들 면이 아산에서 왜적과 싸우다 전사했다는 부고가 온 뒤로부터는 심신의 쇠약이 더해지며 자주 병을 앓게 되었다. 1598년 2월 18일 고금도(古今島)를 본거지로 선정하여 진영을 건설, 피난민들의 생업을 진작시켰다.

7월 16일에는 명나라 수군도독 진린(陳璘)이 수군 5,000명을 거느리고 와 조선 수군과 합세했다.

8월 19일(일본력 8. 18), 도요토미 히데요시(豊臣秀吉)가 죽자 왜군은 일제히 철군을 시작했다. 순천에 있던 고니시 유키나가는 진린과 이순신에게 뇌물을 보내며 퇴각로의 보장을 애걸했으나, 이순신은 '조각배도 돌려보내지 않겠다'(片帆不返)는 결연한 태도로 이를 물리쳤다.

조·명연합함대는 11월 18일 밤 10시쯤 노량으로 진격, 다음날 새벽 2시경 시마즈 요시히로(島津義弘), 소오 요시토모(宗義智), 다치바나 도오도라(立花統虎) 등이 이끄는 500여 척의 적선과 혼전난투의 접근전을 벌였다. 치열한 야간전투가 계속되는 동안 날이 밝기 시작했다. 이 마지막 결전이 고비에 이른 11월 19일(양력 12월 16일) 새벽, 이순신은 독전 중 왼쪽 가슴에 적의 탄환을 맞고 전사했다. "싸움이 바야흐로 급하니, 내가 죽은 것을 알리지 말라"고 당부하며 세상을 떠났다고 한다(이순신의 전사에는 의자살설(擬自殺說)이 남게 되었다.

즉 그것은 마지막 싸움인 노량해전에서 '투구를 벗고 선봉에 나섰다' 는 전설과 더불어 7년 전란에 위태로운 전투를 몇 십 회나 치르면서도 그 뛰어난 전략과 전술로 한번도 패함이 없었던 그가 자기 몸을 보전하려 했다면 얼마든지 가능했을 것이 아닌가 하는 의문에서 발단된 것이다). 노량해전의 전과에는 몇 가지 기록이 엇갈리나, 태워버린 적선이 200여 척, 적병의 머리가 500여 급으로 추정되고 있다.

이순신의 상여는 마지막 진지였던 고금도를 떠나 12월 11일경에 아산에 도착, 이듬해인 1599년 2월 11일에 아산 금성산(錦城山) 밑에 안장되었으나, 전사 16년 후인 1614년(광해군 6) 지금의 아산시 음봉면(陰峰面) 어라산(於羅山) 아래로 천장(遷葬)했다.

전사 후 우의정이 증직되었고, 1604년 10월 선무공신(宣武功臣) 1등에 녹훈되고 풍덕부원군(豊德府院君)에 추봉되었으며 좌의정에 추증되었다. 1643년(인조 21) 충무(忠武)의 시호가 추증되었고, 1704년 유생들의 발의로 1706년(숙종 32) 아산에 현충사(顯忠祠)가 세워졌다.

1793년(정조 17) 7월 1일 정조의 뜻으로 영의정(領議政)으로 추증, 1795년에는 역시 정조의 명에 따라 《이충무공전서 李忠武公全書》가 규장각 문신 윤행임(尹行恁)에 의해 편찬, 간행되었다.

이순신은 초상화가 없기 때문에 그의 풍모를 짐작할 수가 없다.

유성룡은 《징비록》에서 "순신은 말과 웃음이 적은 사람이었고, 그의 바르고 단정한 용모는 수업근신하는 선비와 같았으나, 내면으로는 담력이 있었다" 하여 그의 인품과 용모를 전하고 있다. 한편 이순신의 진(陣)에 머문 일이 있는 고상안(高尙顔 : 당시 삼가현감)이 그의 언론과 지혜로움에 탄복하면서도, 그의 용모에서 '복을 갖추지 못한 장수'(非福將也)로 느끼고 있는 것은 매우 인상적이다. 수개월간 진을 같이했던 진린은 '이순신은 천지를 주무르는 재주와 나라를 바로잡은 공이 있다'(李舜臣有 經天緯地之才 補天浴日之功)고 했으며, 명나라 황제에게 이순신의 공적을 자세히 보고하여 명나라 조정에서 도독인(都督印)을 비롯한 팔사품(八賜品)을 내렸다.

《난중일기(亂中日記)》에 따르면 그는 찾아오는 막하 장령들과 공사를 논의하며 새벽 닭 우는 소리를 들었고, 출전하지 않는 날에는 동헌에 나가 집무했으며, 틈을 내어 막료들과 활을 쏠 때가 많았다.

그는 이러한 진중 생활 속에서도 술로 마음을 달래며 시가(詩歌)를 읊었고, 특히 달 밝은 밤이면 감상에 젖어 잠 못 이루는 때가 많았다.

또 가야금의 줄을 매었고, 음악감상에 심취하기도 했다. 그의《난중일기》는 거리낌 없는 사실의 기록, 당일의 날씨, 꿈자리의 음미, 어머니를 그리는 회포와 달밤의 감상, 투병생활, 또 애끓는 정의감과 울분, 박해와 수난으로 점철된 7년 전란의 진중 일기로서, 그 기록내용이 지니는 사료학적 가치는 물론 일기 문학으로서도 극치를 이룬다.《난중일기》는 그 친필원본이 61편의 장계(狀啓)와 장달(狀達)을 담은 필사원본《임진장초(壬辰狀草)》와 함께 국보 제76호로 지정, 현재 아산 현충사에 보존되어 있다.

이순신의 문필은《난중일기》와 더불어 몇 편의 시가와 서간문이 남아 있어 그의 문재(文才)를 후세에 전하고 있다.

《이충무공전서》의 권1에는 〈수사 선거이(宣居怡)와 작별하는 시〉·〈무제육운(無題六韻)〉·〈한산도야음(閑山島夜吟)〉, 그리고 말미에 24자로 한역(漢譯)된 〈한산도가〉가 수록되어 있다. 조경남(趙慶男)의《난중잡록(亂中雜錄)》에는 한산도의 작품이 20수나 있었는데 그중에 "바다에 맹세함에 고기와 용이 느끼고, 산에 맹세함에 초목이 아네"(誓海魚龍動 盟山草木知)라는 구절이 있었다고 한다.

1937년에 간행된 조윤제(趙潤濟)의《조선시가사강(朝鮮詩歌史綱)》은 조선 중기의 시조문학발휘시대에 속하는 대표적 인물 중의 한 사람으로 이순신을 꼽고 있다.

정약용 리더십

1801년(순조 1) 천주교 신자들이 모진 탄압을 받고 있을 때였다. 다산(茶山) 정약용(丁若鏞, 1762~1836)의 형제들도 끌려가 몽둥이찜질을 받았다. 특히 형 약전과 약종이 주요 인물로 지목되어 그에게 집중적으로 심문을 퍼부었다. 형관(刑官)들은 오고간 편지에 나타난 괴수가 형 약종이 아니냐고 물었다. 참으로 난감한 일이었다. 이에 대해 그는 이렇게 대답했다.

위증을 하면 임금을 속여서 불충이 되고 사실대로 말하면 형을 고발하는 불륜이 되는 것이다. 이 말을 두고 세상 사람들은 불충불륜에서 벗어나지도 않고 결코 거짓도 아닌 명답이라고 칭송해 마지않았다.

형 약종이 죽고 매부 이승훈도 죽었으나 그는 살아남아 강진에서 18년 동안 귀양살이를 했다. 오랜 귀양살이 중에《목민심서》,《경세유표(經世遺表)》,《흠흠신서(欽欽新書)》등 많은 저술을 남겨 이 땅의 첫손 꼽히는 개혁사상가가 되었다.

북한강과 남한강이 갈라지는 양수리 위쪽 마재는 정씨들의 세거지였다. 이 마을 목사의 막내아들이 바로 우리의 위대한 스승이요 세계적인 학자인 정약용이다. 정약용이 태어날 즈음에는 비교적 나라가 평온했다. 비록 때때로 흉년이 들고 역질이 돌았지만 영조의 탕평책으로 당쟁이 그리 심하지 않았고 외침도 별로 없었다.

이런 시대에 태어났으니 그의 생애가 평탄했을 법도 하고 또 뛰어난 재주와 인품을 지녔으니 출셋길이 탄탄했을 법도 했다. 그러나 세상일은 점칠 수 없는 법이다. 상식과는 엉뚱한 방향으로 흘러갔다. 그는 세 형들 밑에서 여러 지식을 넓혔고 좀 더 자라서는 강 건너 양평에 사는 권철신에게 가서 학문을 익혔다.

그리고 광주에 사는 이가환에게서 학문의 깊이를 다지기도 했다. 권철신이나 이가환은 모두 당시의 쟁쟁한 실학자들이었고 성호 이익의 제자들이었다. 정약용은 이들에게서 성호학(星湖學)에 접근해 이익의 실학적 사상을 사숙하기 시작했다. 정약용의 실학정신은 이익을 사숙함으로써 단초를 열어가게 되었다.

소년 시절에는 아버지 정재원이 지방 수령으로 다니자 아버지를 따라 진주지방에서 살기도 했는데, 이때부터 지방행정을 몸소 겪었다. 스무 살 때 과거에 합격해 성균관의 유생이 되었다. 정조는 성균관의 유생들에게 늘 시험을 보였는데 이때 그에게 《중용》을 내려주고 이를 강의하게 했다. 정약용은 임금 앞에서 막힘없이 강의했고 정조는 크게 감탄했다. 호학의 군주 정조는 이때 정약용을 앞으로 중용하리라고 마음먹었다.

다음 해에 그는 형수의 초상을 치르고 한강에서 배를 타고 서울로 들어오면서 이벽에게서 처음으로 서학에 관한 말과 서양의 과학지식에 대한 설명을 들었다. 그는 수표교 옆에 사는 이벽의 집에서 많은 서양서적을 접하고 상당한 과학지식을 쌓기도 했다.

정약용은 1789년(정조 13) 마침내 알성시에 급제해 첫 벼슬길에 나섰다. 그는 사헌부 지평, 사간원 정언 등의 언관이 되어 임금에게 여러 정책을 상주하고 간언을 하는 소임을 맡았다. 정조는 젊고 재기발랄한 정약용을 측근에 두고 어려운 일이 있을 때마다 자문을 구했다.

정조는 원통하게 죽은 아버지(사도세자)를 찾아 매년 몇 차례에 걸쳐 수원의 능행길에 올랐는데 이때 한강에는 배다리가 놓였다. 정약용은 이 배다리 설치를 맡게 되었고 이 일을 훌륭히 해냈다. 이어 사도세자를 기리기 위해 수원성을 쌓을 적에 설계도와 기구를 만드는 일 또한 그가 맡았다. 그는 일꾼들이 무거운 돌을 힘겹게 지고 올리는 것을 보고 기구의 발명에 골몰했다. 또한 기하학적 방법으로 성의 거리, 높이 따위를 측량해 가장 튼튼하고 단단한 성을 쌓기 위해 연구했다. 마침내 그는 거중기와 활차(滑車, 도르래), 고륜(鼓輪, 바퀴달린 달구지) 따위를 발명해 성의 역사에 써먹었다.

정조는 성을 둘러보고 감탄하며 이렇게 말했다.

"거중기를 써서 돈 4만 냥을 절약했구나."

이때부터 그에 대한 정조의 신임은 움직일 수 없게 되었다. 그를 암행어사로 보내기도 하고, 규장각 학사나 승지 등을 맡기면서 늘 옆에 두었다. 이때 전해지는 말로는 정조는 영의정인 채제공의 뒤를 이을 인물로 장년층의 이가환, 청년층의 정약용을 꼽고 있었다고 한다. 참으로 그 임금에 그 신하가 만난 것이리라.

그러나 그의 탄탄한 앞길을 가로막는 세력들이 있었다. 1791년은 정약용이 정조를 만난 지 9년째로 접어든 해였다. 진산의 천주교도 윤지충이 부모의 제사를 지내지 않은 사실이 탄로나 서학에 대한 옥사가 일어났다. 목만중, 이기경 등이 이 기회를 이용해 서학의 강독에 참석하고 서학을 받드는 이가환, 이승훈, 정약용 등을 몰아 잡으려 했다. 정약용이 벼슬길에 발을 들여놓은 후 첫 번째 맞는 시련이었다.

그는 문초를 받을 때 서학의 책을 읽었음을 솔직히 시인했으나, 서학을 믿지 않았음을 밝혔다. 정약용은 무사했지만 그를 몰아내려던 이기경이 도리어 경원으로 귀양을 가게 되었다. 이럴 즈음 아버지가 죽어 그는 벼슬자리에서 물러나 3년의 복상을 치렀다. 그리고 조정에 나와 참의의 벼슬에 있었다. 그런데 새로운 사단이 일어났다.

1794년에 청나라 신부 주문모가 잠입해 포교활동을 벌이자, 목만중은 또다시 정약용 일파를 걸고 넘어졌다. 두 번째 시련인 셈이다. 정조는 반대파를 완전히 꺾어 누를 수 없음을 알고 정약용을 금정찰방(金井察訪)이라는 한직으로 내보냈다. 그는 천주교도가 많은 홍주 아래 한 고을의 찰방으로 가서, 천주교도들을 잘 효유해 조정의 금령을 어기지 말고 제사를 잘 받들라고 권고했다. 몇 달 뒤 그는 다시 임금 옆으로 불려와 승지의 벼슬을 받았다.

이 무렵 정조는 백성의 수탈을 일삼는 관리의 부정을 막으려 무척 고심하고 있었다. 그래서 수령들에게 그 방책을 올리게 했다. 이때 정조는 자신이 가장 신임하는 신하 정약용을 곡산부사로 보냈다. 곡산은 민란이 자주 일어나는 고을이었다. 그는 부임 이후 조세와 부역을 공평히 하고 옥사를 너그럽게 다스렸다. 명 목민관으로 이름을 처음 떨치게 되었다.

정조는 특히 그에게 황해도 일대 수령들의 부정과 선정을 가려 올리라는 밀지를 내리기도 했다. 그는 이러한 임무를 훌륭하게 수행했다. 정조는 또다시 그에게 승지, 형조참의 등을 주어 곁에 있게 했다. 그러나 그가 외직에 있는 동안에도 그에 대한 모략은 끊이지 않았다.

이 무렵 목만중, 이기경 일파의 사주를 받은 조화진이 "이가환, 정약용 등이 서학을 받들면서 역적을 모의한다"는 상변서를 올렸다. 정약용은 더 이상 반대파들의 모략을 견디기 어려워 고향 집으로 돌아왔다. 이것이 바로 정약용의 마지막 벼슬길이었다.

어느 여름날 밤, 정약용이 달을 마주하고 앉았을 적에 사립문 두드리는 소리에 귀를 기울였다. 임금이 보낸 심부름꾼이 한서선(漢書選) 열 책을 내밀었다.

"다섯 권은 집 안에 보관하시고, 다섯 권은 제목을 써서 올리라는 성상의 당부이옵니다."

정약용은 임금의 선물을 받고 감격해 눈물을 흘렸다. 그러나 보름이 지나서 정조의 승하 소식을 들었다. 이제 용은 물을 잃었고 매는 죽지가 부러진 셈이다. 결국 정조와 어우러져 뒤뚱거리는 왕국을 바로잡아보려는 그의 꿈이 좌절된 것이다.

그의 성격을 한번 살펴보자. 천재가 흔히 갖기 쉬운 결점은 속단과 경솔함이다. 한번 일을 추진할 적에는 재빠르지만 일이 막히면 나락으로 떨어지는 경우가 많다. 그리고 천재는 다른 사람을 너그럽게 봐주지 않고 지나치게 잘난 체하는 결점을 지니고 있기도 하다.

정약용은 분명 천재였다. 그런데도 그에게서는 이러한 결점들이 나타나지 않는다. 그는 자부심이 강하고 자존에 차 있었지만 결코 싸움에 끼어들거나 남을 비난하지 않았다.

그는 당쟁에 빠지지 않았다. 비록 남인의 가계에서 태어났지만, 그의 조상이 당쟁의 중심인물이 되지 않았음을 자랑스러워했고, 아들에게도 그런 일에 가담하지 말 것을 당부하기도 했다. 그는 문벌·당색의 타파를 열렬히 주장했고 인재의 고른 등용을 역설했다. 시파로 지목된 자신을 몰아내려는 벽파에 대해서도 비난을 퍼붓지 않았다. 오히려 그들이 소외되었을 적에는 감싸주기도 했다.

그를 늘 못살게 굴던 이기경이 경원으로 유배되었을 적에 그의 동료들은 통쾌히 여겼다. 그러나 정약용은 "아니다. 우리의 재앙이 시작되는 조짐이다"라고 했다. 길게 내다본 판단이었다. 그리고 늘 이기경의 집에 찾아가 그의 가족들을 위로했다. 그뿐만 아니라 이기경의 어머니 상사에는 있는 돈을 다 털어 1천 냥이라는 많은 부조를 내기도 했다. 그리고 아무도 이기경을 상대하지 않자 그에게 남몰래 접근해 다정한 말을 나누기도 했다. 이것은 적을 동지로 만드는 정약용의 국량이요 지도자의 자질일 것이다.

그가 곡산부사로 부임할 무렵, 곡산의 민심이 흉흉해 민란의 조짐이 팽배해 있었다. 그때 곡산에는 이계심이라는 백성이 수령의 부정에 항의해 1천여 명을 데리고 관가에 들어와 따지고 들었다. 이에 관에서 잡아 가두려고 하자 사람들은 이계심을 에워싸고 관에 대항하다가 달아났다. 정약용이 부임하는 길에 이계심이 길가에 엎드려 있다가 민막(民) 10여 조목을 올렸다. 이에 수종들이 이계심을 잡아 가두자고 청하자 그는 이렇게 말했다.

"관이 모르는 것을 알려주었으니 관을 범한 것이 아니다. 이 같은 사람들은 오히려 관에서 천금으로 사들여야 마땅하다."

그는 이계심을 풀어주고 이계심의 민막 내용대로 문제를 해결했다. 적어도 한 고을의 민막은 말끔히 씻어주었다. 보통의 경우처럼 이계심을 징계했다면 어떻게 되었겠는가. 민란이 일어나고 수령인 정약용은 낙직했을 것이다. 이것은 물론 훌륭한 목민관의 면모이나, 달리 풀이를 하면 앞날을 내다보는 넓은 국량에서 나타난 것이라 말할 수 있다.

대체로 왕조시대의 목민관은 왕권을 대행한다. 따라서 목민관은 오늘날의 군수 같은 행정 책임자와는 권한이나 역할이 사뭇 달랐다. 목민관은 일반 행정 뿐만 아니라 군정(軍政), 부목(府牧) 이상·조세·경찰·사법 일부까지도 왕을 대신해 집행했다. 그래서 수령은 부임하기에 앞서 농상을 잘 관리하고 호구를 늘리고 학교를 일으키고 군정을 잘 다스리며 부역을 고르게 하고 송사를 간략히 하고 부정부패를 없애는 등 수령들이 지켜야 할 칠사를 외워야 했다.

정약용이 곡산부에서 첫 번째 한 일은 면포를 바치는 사람이 보는 앞에서 직접 면포를 헤아려 받았다. 그리고 면포를 재는 자가 규격보다도 두 치나 긴 것을 알아내고 곧 규격에 맞는 치수로 고쳤다.

어느 해에는 곡산 면포 값이 뛰자 관전(官錢) 2천 냥을 내 값싼 평양 등지에서 면포를 사들여 공납하고, 사온 면포 값만 백성들에게서 거두어들였다. 백성들은 이때 집집마다 송아지 한 마리 값이 저절로 굴러들어왔다. 어찌 면포의 일만일까. 모든 잘못을 바로잡고 민산(民産)에 힘쓴 탓으로 곡산은 물산이 적은 고을인데도 3년 만에 백성의 살림살이가 윤택해지고 곡산 관아의 재정은 튼튼해졌다. 이것은 그의 목민철학을 위한 첫 실험이었다.

그는 누구를 비난하는 상소를 올린 적 없다. 다만 남들이 자신을 헐뜯으면 자명하는 상소를 올렸을 뿐이다. 이런 그의 성격 또는 처세 방법은 18년이라는 긴 귀양살이에서도 여실히 나타나고 있다. 정조가 죽은 뒤 벽파들은 남인 시파를 신서파(信西派)로 몰아붙여 정약용의 집안은 거의 멸문의 지경에 이르렀다. 그가 비록 관인대도의 도량을 보였으나, 권모술수가 판을 치는 권력투쟁 앞에서는 한낱 쓸모없는 수단에 불과했다.

정조의 상을 치르고 집으로 돌아온 그는 당호를 여유당(與猶堂)이라 했다. 이것은 《도덕경(道德經)》의 한 대목인 "여(與)함이여, 겨울 냇물을 건너듯이, 유(猶)함이여, 너의 이웃을 두려워하듯이"라는 글귀에서 따온 것으로, 조심조심 세상을 살아가자는 것이다. 어쩌면 정약용은 이미 폭풍이 몰아칠 정치의 기상도를 알아냈는지도 모른다. 하지만 이런 조심스러움 또한 쓸모없는 처세술이 되고 말았다.

1801년 신유박해에서 셋째 형 약종은 옥사했고 그는 둘째 형 약전과 함께 기나긴 귀양살이를 떠났다. 반대파들은 그도 죽일 것을 모의했으나 일부 동료들의 노력으로 귀양에 그쳤다. 강진 일대에서 지낸 그의 귀양살이는 단조롭기 짝이 없었다. 그는 그곳 주변의 선비들과 어울려 차를 마시며 담소를 즐겼고, 경세학과 목민학의 정리에 골몰했다. 그러면서 결코 정치 이야기나 조정 이야기는 입 밖에 내지 않았다. 안동 김씨의 문벌 정치가 굳어진 조정에서 언제 그에게 엉뚱한 굴레를

씌워 사약을 내릴지 모르는 상황이었다.

정약용은 이 지방 농민들의 참상을 날카롭게 관찰했다. 그리고 암담한 농민의 참상을 몸소 겪고 보았다. 관리의 부정, 조정의 부패와 무능, 민생의 간고(艱苦) 등을 시로 읊기도 하고 책으로 정리하기도 했다. 이렇게 해서 나온 것이 수령의 부정을 막기 위해 쓴 《목민심서》, 치도의 방책을 제시한 《경세유표》, 공정한 형벌을 위한 《흠흠신서》 그리고 나라를 살찌울 경제관계의 저술들이다. 특히 《목민심서》는 자신이 곡산부사로 있던 때의 경험과 강진의 농촌현실을 겪으면서 쓴 것으로, 불후의 명저로 꼽힌다.

그가 강진에서 귀양살이를 하면서 본 농민의 생활은 부사로 있을 때에 바라보던 농민의 생활과 너무나 판이했다. 보는 감각도 달랐거니와 농촌의 사정 또한 곡산과 강진은 너무나 달랐다. 강진지방은 삼남의 쌀을 서울로 실어 나르는 조운의 중심지였고, 관리의 수탈이 가장 질기게 행해지던 곳이었다. 그러니 그의 고향 마재에서는 볼 수 없던 사정들이 여기서는 동구 거리만 걸어보아도 눈에 들어왔다. 그가 강진에 오기 전에 다음과 같은 기민시(飢民詩)를 쓴 적이 있다. 몇 구절을 살펴보면 다음과 같다.

마른 목은 길쭉해 따오기 모양이요

병든 살갗 주름져 닭살 같구나

우물은 있다마는 새벽 물 긷지 않고

땔감은 있다마는 저녁밥 짓지 못해

관가의 돈 궤짝 남이 볼까 쉬쉬하니

우리 굶게 한 건 이 때문이 아니더냐

관가 마구간에 살찐 저 말은

진실로 우리의 피와 살이네

   - 송재소 옮김, 《다산시선》

　이것은 백성의 굶주림과 관가의 부정을 고발한 것이다. 그러나 그
리 강렬하지는 않다.

　그가 강진에 있을 적에는 양물을 잘라낸 남편을 둔 지어미의 한탄
을 〈애절양(哀絶陽)〉이라는 시제로 이렇게 노래했다.

달려가서 억울함을 호소하려 해도

범 같은 문지기 버티어 있고

이정(里正)이 호통해 단벌 소만 끌려갔네

남편 문득 칼을 갈아 방 안으로 뛰어들자

붉은 피 자리에 낭자하구나

스스로 한탄하네, '아이 낳은 죄로구나'

말·돼지 거세함도 가엾다 이르는데

하물며 뒤를 잇는 사람에 있어서랴

   - 송재소 옮김, 《다산시선》

　이는 죽은 시아버지와 갓난아이까지 군적에 올라 있는 것을 본 지

아비는 그렇게 할 수밖에 없었다는 내용이다. 이런 현실이었다. 이것은 결코 허구가 아니었다. 이런 의식세계에서 산 정약용은 관리들을 이리와 승냥이로 빗대는 〈시랑(豺狼)〉이라는 시를 썼다. 여기서는 몇 구절만 인용해본다.

장독에는 소금 한 줌 남지 않고
뒤주에는 쌀 한 톨 없노라
큰 솥 작은 솥 다 앗아가고
숟가락 젓가락 다 훔쳐갔네
자식 이미 팔려 가고
내 아낸들 누가 사랴
내 가죽 다 벗기고
뼈마저 부수려나
부모여, 사또여
고기 먹고 쌀밥 먹고
사랑방에 기생 두어
연꽃같이 곱구나
– 송재소 옮김, 《다산시선》

이 시에서 부모는 친부모를 뜻하는 것이 아니라 벼슬아치를 말한다. 옛적의 벼슬아치는 부모로 비유되었다. 그런데 관리의 부정이 이 지경에 이른 것이다.

정약용은 감상과 한탄에 젖어만 있기에는 너무나 논리적인 이론가였다. 그리고 비록 유배지에 있었으나 백세(百世)의 경세가였다. 그리하여 관리의 부정을 막고, 나라의 폐정을 뜯어고치고, 백성의 참상을 구제하기 위해 방책을 제시하기 시작했다.

당시 그는 관제, 전제 등 모든 국가 제도에 대한 개혁방안을 쓰고 있었다. 바로 《경세유표》였다. 이것을 중단하고 좀 더 직접적인 현실 문제를 타개해야겠다는 의지에서 1817년 《목민심서》의 집필로 붓을 옮긴 것이다. 이 책은 붓을 댄 지 1년 만에 완성했다. 그러나 집필하는 데만 1년이 걸렸다는 것이지 결코 갑자기 이루어진 것은 아니다.

어릴 적에 지방의 수령이 된 아버지를 따라 옮겨 살면서 수령의 몸가짐과 농촌의 실정을 보았고, 그의 고향인 양주, 광주 일대의 농촌 사정도 익히 알고 있었다. 젊은 나이에 암행어사로 전국을 돌아다닌 적도 있었고, 금정찰방과 곡산부사로 직접 백성들의 일을 맡아본 적도 있었다. 또한 장기와 강진의 유배 생활에서 얻은 산지식도 있었다. 그야말로 평생 노심초사하던 일을 문자로 드러낸 것이다.

이 책은 그의 위민사상의 정수이다. 책의 이름을 《목민심서》라 했는데, 목민은 '백성을 살찌운다'는 뜻이요, 심서는 '목민할 마음은 있으나 몸소 실행할 수 없기 때문이다'라고 했다. 그는 귀양살이하는 한낱 죄인이었기 때문이다. 그는 〈자서(自序)〉에서 이렇게 말하고 있다.

"군자의 학(學)은 수신이 그 반이요 나머지 반은 목민이다. ……요즈음 백성 다스리는 목민관들은 이익을 좇는 데에만 얼이 빠져 있고 목민을 어떻게 해야 할지 모른다. 이 때문에 백성들은 찌들고 병들어

줄줄이 진구렁으로 떨어져 죽는데도 이자들은 고운 옷과 맛있는 음식으로 제 몸만 살찌우고 있으니 어찌 슬프지 않겠는가."

이런 정신에서 씌어진 이 책은 12편으로 구성되어 있다. 각 편의 이름을 알아보면 다음과 같다.

① 〈부임편(赴任篇)〉, ② 〈율기편(律己篇)〉, ③ 〈봉공편(奉公篇)〉, ④ 〈애민편(愛民篇)〉, ⑤ 〈이전편(吏典篇)〉, ⑥ 〈호전편(戸典篇)〉, ⑦ 〈예전편(禮典篇)〉, ⑧ 〈병전편(兵典篇)〉, ⑨ 〈형전편(刑典篇)〉, ⑩ 〈공전편(工典篇)〉, ⑪ 〈진황편(賑荒篇)〉, ⑫ 〈해관편(解官篇)〉이다.

앞의 4편은 총론으로 수령들의 몸가짐과 기본 태도, 그 다음 6편은 각론으로 실무, 마지막 2편은 주민 복지와 수령이 물러갈 때의 몸가짐 등을 밝힌 것이다. 각 편은 다시 6조로 세분되어 있어서 모두 72조로 엮었다. 한 마디로 일목요연하다. 이 책을 엮고 난 뒤 그는 "한 백성이라도 그 혜택 입기를 바라는 것이 나의 마음이다"라고 말했다. 그의 애민사상에 대한 고심참담을 엿볼 수 있다.

이러는 중에 1812년 서북에서 홍경래를 중심으로 농민봉기가 있었다는 소식을 들었다. 그는 이곳 선비들을 중심으로 의병을 권유하기도 하고 후원하기도 했다. 이것은 농민 편에 서 있는 그로서는 이율배반의 모습이다. 그러나 어쩌면 언제 민란의 음모자로 몰아칠지 모르는 절박한 상황에 대비한 위장술이었는지 모른다. 물론 이 의병제의는 불발로 그쳤다.

18년이라는 세월을 이렇게 지낼 적에 조정에서는 그의 동료들과 아들의 건의로 해배(解配)가 논의되기도 했다. 그때마다 몇몇 사람의 반대로 무산되었다. 그가 암행어사로 경기감사 서용보의 부정을 캐낸 일이 있었는데, 이에 감정을 품은 서용보 등이 계속 반대했다.

마침내 기회가 왔다. 1818년 이웃 고을에 귀양 와 있던 옛 동료 김이교가 해배되어 길을 떠나기 전에 그를 찾아왔다. 하룻밤을 둘이 지내며 정담을 나누었다. 김이교는 당시 세도가 김조순의 일가붙이였다. 김이교는 정약용이 무슨 부탁 말이 있을 것을 기다렸으나 동구 밖 10여 리를 따라 나와 전송하면서도 아무 말이 없었다. 김이교는 참다못해 입을 열었다.

"나에게 부탁할 말 없소?"

이에 정약용은 김이교의 부채를 잡아당겨 시를 써주었는데 그 끝 구절이 이러했다.

대나무 몇 가닥에

새벽달 걸릴 적에

고향이 그리워서

눈물이 줄줄이 맺히오

김이교는 이 부채를 들고 어느 날 김조순을 찾아갔다. 김조순은 김이교가 한껏 펼쳐 바람을 일으키는 부채를 빼앗아 글귀를 읽어보았다.

"이것은 정 모의 글귀로구나."

김조순은 남쪽 하늘을 바라보며 한숨을 지었다. 김조순의 주선으로 그는 긴 유배에서 풀려났다. 만약 정약용이 유배지에서 불평이나 터뜨리며 정담이나 설왕설래했더라면 온전했을까?

그가 고향 집에 돌아왔을 적에 서용보 또한 벼슬자리에서 떨어져 거리가 얼마 떨어지지 않은 곳에 살고 있었다. 정약용은 묵은 감정을 씻고 그에게 사람을 보내 간곡하게 위로의 말을 전했다. 이후 그는 책을 읽고 저술에 몰두하면서 틈틈이 주변의 산천경개 구경으로 나날을 보냈다. 벼슬할 뜻은 물론 없었으며 정담을 입에 담지도 않았다. 그즈음 조정에서는 그에게 벼슬을 다시 주려고 논의를 벌였다. 그러나 벼슬살이를 다시 하던 서용보가 결단코 반대를 거듭해 실현되지 못했다.

정약용은 우리나라 역사에서 가장 많은 저술을 남긴 사상가 중 한 사람이다. 흔히 그의 대표 저술을 1표 2서(一表二書)라고 말한다. 《경세유표》와 《흠흠신서》, 《목민심서》를 일컫는 말이다. 《경세유표》가 국가의 기본제도를 개혁해야 한다는 내용인 반면, 《흠흠신서》는 인명을 중시해 원옥(冤獄)이 없도록 하는 방안을 제시한 것으로 인권관계의 저술이요, 《목민심서》는 백성을 직접 다스리는 수령을 통해 민생의 고통을 해결하자는 것이었다.

19세기는 이 땅에 세도문벌 정치가 들어선 시기이다. 몇몇 문벌가가 번갈아 정권을 잡고 마치 나무꾼이 작대기 휘두르듯이 나라와 민중을 몰아갔다. 이런 마당에 그들은 모두 벼슬을 차지했고 남은 찌꺼기조차 정당한 방법으로 인재를 수용하지 않고 벼슬을 팔아먹었다. 그 중에서도 지방관은 돈을 주고 산 벼슬의 값을 뽑으려고 민중을 갈취했다. 지방관은 2중 3중으로 매매되어 어느 수령이 부임해서 한창 부임 잔치를 벌이는 중에 다음 수령이 부임해올 정도였다.

이리하여 곳곳에서 민란이 일어났다. 수탈에 견디다 못한 민중은 처음에는 다른 곳으로 도망가거나 깊은 산 속에서 화전민이 되기도 했고 섬으로 들어가 어민이 되어 수탈의 손길을 벗어나려 했다. 그러다가 도둑이 되고 명화적 떼로 뭉쳐 부호의 재물이나 관물을 빼앗았다. 그리고 끝내는 곳곳에서 떼 지어 관권에 항거했다.

앞뒤로 이런 판국이었는데도 당시의 지배자들은 정약용의 개혁방안 따위에는 눈도 돌리지 않았다. 정약용은 결코 농민을 중심으로 한 민중이 그저 팔짱만 끼고 있다가 그대로 죽지는 않으리라는 것을 알고 있었다. 그런데도 《목민심서》에 제시한 그의 방안을 써주기는커녕 읽어주지도 않는 현실이 통탄스러울 뿐이었다. 그는 회갑을 맞이해 자찬 묘지명(自撰墓誌銘)을 적으면서 이렇게 쓰고 있다.

"알아주는 자는 적고 비방하려 드는 자는 많으니, 만약 천명이 이를 받아들이지 않는다면 한 줌의 불쏘시개로 불태워버려도 좋다."

정약용이 열세 살 적에 나라 안에 천연두가 휩쓸었다. 한번 천연두가 휩쓸고 나면 살아남는 아이들이 적었고 더러 낫는다 해도 곰보가 되었다. 이럴 적에 나라의 대비책이라고는 피막(避幕)을 지어 환자를 격리하는 정도였다. 어린 정약용이 이 병에 걸렸으니 부모는 가슴을 졸일 수밖에 없었다. 그런데 경기도 광주 땅에 사는 이헌길이라는 의원의 손을 빌려 살아났다. 이헌길은 천연두가 10~20년 단위로 유행하는 것을 보고, 여러 관계 책들을 참고하고 임상을 통해 치료법을 찾아냈다.

정약용은 그의 생명을 구해준 이헌길을 잊을 수 없었다. 그리고 주기적으로 천연두가 휩쓸어 많은 생명을 앗아가는 현실이 안타까웠다.

그리하여 이헌길의 천연두 처방책인 《을미신전》을 구해보니 찾아보기가 매우 불편했다. 급한 마당에 하나하나 내용을 다 훑어볼 수가 없어 새로 항목을 만들고 그에 따라 처방을 제시했다.

땀이 날 적에, 기갈이 들 적에, 설사를 할 적에, 구토를 할 적에, 복통이 있을 때 어떻게 응급처방을 하라는 방법을 적은 것이다. 이 중에서 몇 가지 처방을 살펴보자.

진물이 생길 때는 닭고기·돼지고기·식초·매운 것을 먹지 말고, 닭고기를 잘못 먹으면 평생 피부가 좁쌀처럼 돋아나 닭고기 껍질과 같게 된다고 했다. 그리고 돼지고기를 잘못 먹으면 해마다 천연두가 들었던 달이 되면 설사를 많이 하게 되고, 식초를 잘못 먹으면 해마다 천연두가 들었던 달이면 기침병이 도진다고 했다. 매운 것을 잘못 먹으면 나은 뒤에도 때때로 열이 난다고 했다. 물론 민간요법을 적어 놓은 것도 있다.

정약용은 이것을 모아 《마과회통(麻科會通)》이라는 책을 썼다. 이는 이헌길에게 은혜를 갚고 많은 생명을 구하기 위해서였다. 그리고 천연두는 자연 기운과 시대에 따라 처방이 달라지므로 이 책의 내용도 몇십 년이 지나면 처방을 바꿔야 한다고 썼다.

그의 말처럼 19세기 말 지석영이 종두법을 들여왔을 무렵에는 기존의 처방은 효용이 반으로 줄었다. 그러나 풍부한 경험을 토대로 자연의 기운과 체질에 따라 처방을 낸 이런 의술은 오늘날 민간요법으로 전승되고 있고 그 요법의 과학성 역시 부분적으로 인정받고 있다. 이와 같이 정약용은 인문이나 개혁사상가만이 아니었다. 그의 사고는 대단히 과학적이었고 생활 또한 그러했다.

정약용은 술을 즐겼는데 술이 화기와 원기를 돕는 것으로 보았다. 그리하여 자신이나 아들에게 '불급란(不及亂, 곤드레가 되도록 취하지 않는 짓)'의 수준을 지키도록 했다. 이를테면 술을 약으로 본 것이다. 정약용의 이런 과학적 사고와 생활이 모진 고난 속에서도 그를 장수하게 만든 것이리라.

그는 실로 빛나는 업적을 세웠는데 거의 유배지에서 이루어졌다. 만약 그에게 유배생활이 없었다면 이런 역사적 저술이 나왔을까? 그가 고향으로 돌아왔을 적에는 가산이라고는 별로 남지 않았다. 그는 가난하지만 지조를 굽히지 않았으며 더욱 학문을 연마하면서 보신에 철저했다. 이제 늙은 그였지만 그의 정적들은 한시도 그에게서 눈을 떼지 않고 감시하고 있었다.

그는 일흔넷을 일기로 세상을 떠났다. 비록 파란이 겹친 생애였지만 역사에 빛나는 이름을 저술을 통해 남기고 평탄하게 생애를 마무리했다. 이를 고종명(考終命)이라 한다. 이 점에서 그는 행운을 얻은 인물이라고 할 수 있다. 그는 죽어서도 한동안 정당한 대우를 받지 못했다가 사후 1백여 년 뒤인 식민지시기에 저서를 출간할 수 있었다.

오늘날 그의 학문은 다산학(茶山學)이라는 이름으로 세계적 관심을 받고 있다. 다산연구소가 발족되어 그의 사상을 정리하고 선양사업을 줄기차게 벌이고 있다. 그리고 그의 고향 일대와 강진의 유배지에서는 그와 관련된 유물유적을 보전·전시하고 있는데, 순례단의 발길이 끊이지 않고 있다.

드골 리더십

드골은 프랑스 제5공화정을 건설했다. 드골은 민족주의 성향이 강한 로마 가톨릭계 중상류 가정의 둘째 아들로 태어났다.

드골 가문은 역대로 숱한 역사가와 작가들을 배출했으며 아버지는 철학과 문학을 가르쳤으나 어린 샤를은 군사학에 관심을 보였다. 생시르 육군사관학교를 수료한 샤를은 1913년 임관과 동시에 필리프 페탱 대령 휘하의 보병연대에 편입되었다(페탱).

드골은 명석하고 성실하며 열의에 찬 장교로서 군대 경력을 거치는 동안 자신감과 용기, 그리고 독창적인 사고를 갖춘 인물로 유명했다.

제1차 세계대전 때 베르됭 전투에 참가한 그는 3번씩이나 부상을 입고 2년 8개월 동안 포로생활을 했으나 5회에 걸쳐 탈출을 시도했다. 프랑스 육군 수훈보고서에는 3차례 드골의 이름이 언급되었다. 군사 사절단 요원으로서 폴란드를 방문하고 생시르에서의 교관생활 1년, 그리고 육군대학에서 2년과정의 전략·전술·특수훈련을 마친 뒤, 1925년 드골은 페탱 원수의 추천을 통해 최고군사회의 참모부에 배속되었다.

드골은 1927~29년과 1936~38년 라인란트 점령군 소령으로 복무하면서 독일의 침공 가능성과 프랑스군의 허술한 방비 상태를 알게 되었으며, 2년간 중동에서 근무한 후 중령으로 승진하여 4년 동안 국방위원회 사무국원으로 일했다.

드골의 저술활동은 1924년 《적의 내분La Discorde chez l'ennemi》에서 독일 내 민간정부와 군부세력의 갈등을 다룸으로써 시작되었고, 리더십에 관한 견해를 피력한 《칼날 Le Fil de l'epée》(1932) 및 군사이론서인 《미래의 군대Vers l'armée de métier》(1934)로 이어진다.

《미래의 군대》는 독일의 공격에 대비하기 위해서는 '마지노 선'과 같은 정적인 군사이론보다는 고도로 기계화되어 기동력을 갖춘 소수정예부대가 필요함을 주장한 것이다. 한편 비망록도 저술했는데, 1940년 1월이 될 때까지 정치인들이 자신의 입장으로 시각을 전환할 것을 줄곧 역설했다. 군부의 상관들은 드골의 관점을 좋아하지 않았으며 그는 역사적 연구인 《프랑스와 프랑스의 군대 La France et son armée》(1938)를 자신의 이름으로 출간하는 문제를 놓고 페탱 장군과 마찰을 빚기도 했다.

전쟁이 발발하자 드골은 제5군 소속 기갑여단을 지휘했고 1940년 5월에는 제4기갑사단을 지휘하게 되었다.

2차례의 전차전에서 자신의 이론을 적용했던 그는 정력적이며 대담하고 뛰어난 지휘관이라는 평을 얻었다. 6월 6일 드골은 폴 레노 내각의 국방차관이 되었고 전쟁수행 가능성을 타진하기 위해 수차례 영국 정부와 접촉을 가졌다. 독일과의 휴전을 모색하고 있던 페탱 원수가 레노를 대신하게 될 무렵 영국으로 망명한 드골은 6월 18일 런던에서 동포들을 향한 최초의 라디오 방송을 내보냈고 자신을 중심으로 대(對) 독일 항전을 계속하자고 호소했다.

1940년 8월 2일, 드골은 궐석재판에 의해 계급박탈, 재산몰수와 함께 사형을 선고받았다.

드골은 엄청난 부담을 안고 이제는 정치지도자로서 전쟁을 맞이하게 되었다. 그의 주위에는 나중에 '자유 프랑스 위원회'를 형성하게 되는 무계획적으로 충원된 정치적 후원자와 자원자들이 있을 뿐이었다. 그는 정치적 지위도 없었고 영국과 프랑스에서 사실상 거의 알려지지도 않았지만 자신의 지도자적인 자질과 임무에 대하여 절대적인 신념을 가지고 있었다.

드골은 전적으로 조국에 헌신했으며 종종 영국인들에게는 고집불통으로 비쳐지기는 했으나 국익에 위배된다고 생각되기만 하면 모든 수단을 동원하여 투쟁에 몰입하는 강인한 성격의 소유자였다.

프랑스 내에서 드골의 평판은 그다지 좋지 못했다. 좌파 정치인들은 가톨릭교도인 군인 출신을 정치지도자로서 받아들이려 하지 않았고 우익 진영은 그를 국민적 영웅인 페탱 장군을 배신한 반역자 정도로 취급하고 있었다. 런던으로부터의 방송, 자유 프랑스 위원회의 활동 그리고 자신의 조직이나 영국 비밀첩보기관을 통한 레지스탕스 지하운동에의 협조 등은 프랑스 내에서 드골의 지도력을 점차 부각시켜 갔다.

그러나 연합국들이 드골의 위상을 수용하게 된 것은 파리 해방 이후의 일이었다.

영국 정부와 드골의 관계는 원만하지 못했으며 때때로 그의 오만과 성급한 기질로 말미암아 긴장이 고조되었다. 1943년 드골은 자유 프랑스 위원회를 알제리로 옮겨 프랑스 국민해방위원회로 개편하고 앙리 지로 장군과 함께 공동위원장에 취임했다.

드골이 지로를 몰아낸 책략은 그의 면밀한 정치조작 능력을 엿볼 수 있는 실례가 된다. 1944년 9월 9일 드골은 알제리로부터 파리로 개선했다. 그뒤 2차례에 걸쳐 임시정부를 이끌었던 그는 1946년 1월 20일 돌연히 사퇴했는데, 표면상으로는 제정당의 연립내각형성 움직임에 동조할 수 없었기 때문이었다고 한다.

드골은 1958년까지 제4공화정(1946 성립)과 대립했다.

그는 제3공화정의 체제적 모순을 재현할 여지가 크다는 이유로 신헌법 거부운동을 전개했다. 1947년 드골에 의하여 창설된 프랑스 공화국연합Rassemblement du peuple Franais/RPF은 대중운동조직으로서 급성장을 거듭하여 1951년에는 하나의 유력한 정당이 되었고 그해 치러진 총선에서 120석을 차지하는 데 성공했다. RPF 운동에는 헌법과 정당정치, 특히 모스크바의 지령에 맹목적으로 복종하는 공산주의자들에 대한 반감이 드러나 있다.

그러나 RPF에 불만을 갖게 된 드골은 1953년 결별을 선언했고 RPF는 이내 해체되었다(1955). 1955~56년에 드골은 일체의 공적 활동을 피한 채 고향인 콜롱베레되제글리즈에 머물면서《영예로운 소명L'Appel》(1940~42)·《화합L'Unité》(1942~44)·《구원Le Salut》(1944~46)으로 이루어지는 회고록 집필에 몰두했다.

《구원》은 1958년 정계로 복귀한 직후 완성되었는데, 그가 구체적으로 어느 시기부터 공직생활의 재개를 고려하게 되었는지는 해석이 분분한 문제로 남아 있다.

프랑스 국민들은 샤를 드골의 정치재개 문제를 둘러싸고 의견이 크게 나뉘었다.

그들이 드골 장군을 맞아들이는 데 주저한 이유는 당시의 정치상황과 직접 관련이 있었다. 1958년 5월 알제리에서 일어난 반란으로 프랑스는 내란 직전의 상태에 놓이게 된 것이다. 그가 이 기회를 일생일대의 정치적 도박으로 파악하고 치밀한 계획을 수립했음은 분명하다. 그는 신중했다. 왜냐하면 의회가 그 자신이 수용할만한 조건으로 정계 복귀를 승인할 가능성이란 전혀 없었기 때문이다. 드골은 오로지 적법한 절차에 따를 것이라는 의사를 분명히 밝혔으며 측근들이 그를 위하여 음모를 꾀했다는 증거는 발견되지 않는다.

그렇지만 5월 15일과 19일 그리고 27일에 발표된 일련의 신중한 성명서들은 어떠한 종류의 모반을 촉발시켰음이 확실하다. 그로부터 사흘이 지난 1958년 6월 1일 르네 코티 대통령은 드골이 등용되지 않는 이상 사퇴가 불가피하다는 입장을 밝혔고 드골은 총리 지명자로서 의회에 모습을 드러냈다. 이튿날 정식으로 총리의 서임을 받게 된 샤를 드골은 헌법개정권과 함께 스스로 요구한 특권을 부여받았다.

1958년 12월 21일 드골은 공화국 대통령으로 당선되었다. 1958년 9월 28일의 국민투표에서 인준된 신 헌법이 대통령에게 부여한 권한, 특히 국민투표의 사용과 국가비상사태 시 대통령의 통치를 뒷받침해 줄 수 있는 여러 권한들은 강대국에는 결단력이 있는 지도자가 필요하다는 그의 확고한 신념을 반영하고 있었다. 오로지 위기상황에서만 이 국민들의 지지를 얻을 수 있다는 것을 인식한 드골은 대중의 지지를 확보하고 도전 가능성을 항상 내포하고 있는 의회와 정당 기능을 약화시켜야 했다.

그의 정략은 먼저 대통령 1인의 정책통제에 대하여 국민적인 공감대를 형성한 다음 선거나 국민투표와 같은 정기적인 여론자문을 통하여 통제력을 갱신한다는 것이었다. 드골의 대통령 재임기간은 사실상 지속적인 선거 운동의 연속이었다. 지방순회여행의 형식을 빌어 각 주를 방문했으며 유지들 및 일반 시민들과 접촉하고 1년에 몇 번씩 텔레비전 출연도 했다.

그는 전쟁 때부터 충성을 다해온 드골파 각료들을 최대한 활용했는데, 이들은 의사진행을 방해하고 행정부를 곤경에 빠트리는 의원들의 세력을 제어하기 위해 헌법 조항을 내세웠다. 그러나 드골 대통령은 비판을 통한 정부불신임이라는 대의정치의 본질을 침해하지는 않았으며 라디오 방송의 친여성향은 예전에도 통상 있었던 일이었다. 드골 정권만큼 대통령 모욕죄를 빈번하게 들먹인 체제는 일찍이 없었지만 신문 지상이나 정당 내에서 드골의 정책이나 드골파 장관들을 비난하는 일에는 하등의 법적인 규제가 마련되어 있지 않았다. 대(對) 정부비판은 확대일로에 있었다.

드골은 정국불안정을 초래하지 않으면서 알제리 전쟁을 종식시킴으로써 1962년까지 심각한 도전을 면할 수 있었다. 알제리 전쟁은 그러나 드골이 장차 적극적인 정책을 펴 나아가는 데 장애가 되었다. 아프리카의 프랑스령을 12개의 독립국가로 전환시키기 위한 헌법개정에 착수함으로써 알제리의 이탈을 방지한 그는 경제 사정을 호전시키고 군대의 개편을 추진했으며 독자적인 핵억지력(核抑止力)을 확보했다.

1962년 중반기로 접어들면서 알제리의 독립이 인정되고 정치지도자로서의 드골의 가치가 경감되자 새로운 신임투표를 통하여 자신의 위상을 공고히 다질 필요가 생겼다.

그가 체득한 한가지 교훈은 대전 당시와 전후의 몇 년처럼 정쟁과 당쟁에서 초월하는 것이 자신의 입지를 보다 확고하게 만든다는 것이었다. 드골은 1958년 총선을 앞두고 지지자들에게 어떠한 선거 운동에서도 자신의 이름을 거론하지 말라고 지시했다. 1962년 대통령은 자신의 사임과 헌법개정의 수락 2가지 가운데 하나를 선택할 것을 유권자들에게 제안했으며, 헌법개정은 시장이나 지방 유지들로 구성된 정족수 8만의 선거인단을 보통선거권 체제로 대체한다는 내용이었다.

유권자들은 압도적으로 헌법의 개정을 지지했다. 11월의 보통선거에서 드골파는 64석을 더 획득하고 보수파 의원 30명의 후원을 받아 하원에서 다수당이 되었다. 드골이 국민의 후원 속에서 '위대한 프랑스'의 재건을 위한 주요정책들을 수행할 수 있었던 것은 바로 이때부터이다. 그의 정치적 투쟁은 군사작전을 방불케 했다.

전쟁으로 약화된 프랑스를 세계 열강의 위치로 끌어올리고 자신의 계획에 대한 국내적 반발을 극복하기 위하여 모든 수단이 동원되었다.이러한 드골의 책략은 곧잘 사람들의 입에 오르내렸는데, 정치학자 레몽 아롱은 "이기주의, 오만, 냉담, 교활"이라고 했고, 통찰력이 뛰어난 《드골De Gaulle》의 저자인 장 라쿠튀르는 "경험·직관력·영혼이 아니면 이성의 융통성"이라고 평가했다.

1962~65년 대통령으로 재선되기까지 그는 프랑스의 이익, 특히

농업분야의 이익을 위해서 유럽경제공동체^{EEC}를 이용했다. 프랑스가 초국가적 군사방위조직인 북대서양조약기구^{NATO}에서 점진적으로 이탈했던 이유는 드골의 외교 정책이 주권국가의 독립성을 전제로 오직 협약에 근거한 국제협력을 지향했기 때문인데, 이것은 1965년 대통령선거전의 주요쟁점이기도 했다.

12월 21일 비록 2차 투표이기는 했으나 그는 재선되었다. 1966년 3월 7일 프랑스는 NATO로부터 탈퇴했지만 대서양동맹에는 남아 있었다.

2번째 임기의 남은 기간 동안 그의 관심영역은 점차 확대되어갔다. 공산 진영과의 긴장완화 및 협력이라는 드골의 정책은 소련, 동유럽국가와의 통상·문화교류, 중국의 승인(1964. 1) 등으로 이미 시작되고 있었다. 그는 인도차이나 분쟁의 해결을 위하여 모든 관계국들이 중립정책을 채택할 것을 촉구했으며 그 기초가 되는 것은 미국의 베트남 철군이 실행된 후의 평화협상이었다.

드골은 이와 아울러 남아메리카 국가들과 캐나다, 극동지역을 순방함으로써 프랑스어권 국가나 라틴 문화의 기반을 공유하고 있는 이들 지역에 대하여 영향력을 증대시키려고 애썼다. 그는 EEC 회원국과 비회원국 사이의 혹은 동유럽과 서유럽 사이의 분열이 조만간 극복될 것이며 세계적으로도 미국과 소련이 중심이 된 양극체제가 와해될 것을 예견했다.

국제정세는 그의 성공을 방해했고 드골은 통상 반미적인 것으로 규정되는 일련의 태도를 취하지 않을 수 없었다.

동유럽 국가에 대한 소련의 영향력이 점차 완화될 것이라는 소위 '탈위성국가화' 이론은 1968년 소련의 체코슬로바키아 침공에 의하여 설득력을 잃었다. 또한 그가 영향권 내에 두기를 바랬던 나라에서도 프랑스가 실제로 비중을 갖고 있다는 증거는 전혀 발견되지 않았다. 1968년 5월의 정치·경제 위기가 발생했을 당시, 프랑스는 드골의 표현대로 "대서양에서 우랄 산맥까지의 유럽"을 주도할 국민적 결속도 재원(財源)도 갖추고 있지 않았다.

그의 힘은 1940년 독일에 대해서와 1958년 파괴 및 시민불복종이라는 공동의 적에 대항하여 화합을 호소할 때만 빛을 발했다. 1968년에는 더이상 공동의 적이 없었다. 일단 질서가 회복되자 학생과 노동자들의 소요는, 진정한 불만을 갖고 있으나 전체 공동체의 목표와 조화를 이룰 수 없는 일부 사회계층의 히스테리 분출로 조명되었다.

문제의 해결을 위해서는 지도자의 타고난 통솔력보다는 정부의 끈질긴 협상 노력이 요청되었다. 5월 30일의 방송은 대규모 지지시위와 함께 뒤이은 선거에서 드골파가 압승을 거두었음을 보도했지만 그 승리는 대통령이나 정부 시책이 아니라 평화와 정국 정상화에 기인한 것이었다.

1969년 4월 드골 대통령은 또 한차례의 국민투표를 요구했다. 이번에는 진정 권좌에 남아 있기를 원하는지 아닌지가 의심스러울 정도였다. 국민투표는 이전에도 그랬었던 것처럼 양자택일적인 성격을 띠었는데, 행정구역 개편과 상원의 개혁이 받아들여지지 않는다면 대통령직에서 사퇴하겠다는 내용이었으나 상원 문제는 일반적으로 평판이 좋지 않았다. 위대한 프랑스를 역설함으로써 첫 번째 임기 중에 환영을 받았던 외교 노선들도 지난 몇 년 동안 점차 불안을 자아내고 있었다. 1966년의 베트남 중립화안은 드골 개인의 반미 감정이 표출된 것으로 널리 인식되었고, 이듬해 캐나다를 방문했을 때는 프랑스계 캐나다의 분리를 조장하는 듯이 보였다.

중동전쟁에서 그의 중립선언은 친아랍 성향을 띠는 것 같았다. 프랑스는 대서양동맹에 적극적으로 관여하지도 않았으나 그렇다고 공식적으로 탈퇴한 상태도 아니었다. 또한 이른바 독자적인 핵 억지력도 실현되지 못했으며 프랑스의 자력만으로 되는 일도 아니었다. 1968년 드골은 6년간 총리를 역임한 조르주 퐁피두를 해임하여 그를 만족스럽고 신뢰할 수 있는 후계자로 받아들임으로써 "드골 이후, 프랑스의 대통령은 과연 누구인가?"라는 물음에 스스로 해답을 주었다.

국민투표에서 패배한 뒤 1969년 4월 28일 콜롱베레되제그리즈로 은퇴했고 회고록의 완성에 힘쓰다가 심장마비로 사망했다. 대통령 샤를 드골의 정치적 목표와 이를 실현하기 위한 여러 정책들은 프랑스 정치사를 통하여 가장 다양한 해석과 추론을 낳았다.